Inhaltsverzeichnis

Vorwort

Liebe Kolleginnen und Kollegen,

Die Arbeit an Stationen im Klassenzimmer bewährt sich vor allem bei projektorientiertem Unterricht oder zur Abwechslung des Frontalbetriebes. Das vorliegende Arbeitsheft liefert Material für den unkomplizierten fächerübergreifenden Stationenbetrieb in der Klasse, abgestuft in drei Niveaus zur differenzierten Vorlage an die Schüler.

Der beiliegende Lösungsteil ermöglicht den Kindern die Selbstkontrolle der eigenen Arbeit bzw. dem Lehrer leichtes Korrigieren. So steigt die Leistungsmotivation und das selbständige Arbeiten der Schüler wird gefördert. Gerade im Sachunterricht bieten sich unzählige Möglichkeiten zur differenzierten Beschäftigung im Klassenraum, unterschiedliche Lernniveaus und Lerntypen können gleichzeitig in Freiarbeit oder geführtem Stationenbetrieb arbeiten. Die Kopiervorlagen sind zur direkten Weitergabe im Klassenzimmer gedacht und bieten komprimierte Sachinformationen im handlichen Format.

Viel Freude mit den vorliegenden Aufgabenkarten wünscht Ihnen der Kohl-Verlag und die Autorin

Gender-Disclaimer:
Im vorliegenden Werk wird das generische Maskulinum synonym für alle Geschlechter verwendet, auf Mehrfachbezeichnungen wird zugunsten besserer Lesbarkeit verzichtet.

Grundschule

Ruth Gugerell

Wasserkreislauf an Stationen

Individuelles Lernen

Differenzierend

Motivierend

- Übersichtliche Aufgabenkarten
- Schnelle Vorbereitung
- Mit Lösungen zur Selbstkontrolle

www.kohlverlag.de

Wasserkreislauf an Stationen
Grundschule

1. Auflage 2024

Inhalt: Ruth Gugerell
Coverbild: © Freesurf - AdobeStock.com
Redaktion: Kohl-Verlag
Grafik & Satz: Kohl-Verlag
Druck: Druckhaus Flock, Köln

Bestell-Nr. 12 888

ISBN: 978-3-98558-299-0

Bildquellen © AdobeStock.com
Auf allen Seiten (Wassertropfen): Romolo Tavani; **S. 6:** rifqi; **S. 7:** savanno; **S. 8:** Fukasawa-Krähe; **S. 11:** akhmad; **S. 13/14:** RM Design; **S. 15:** SpicyTruffel, Arte Acuático, savanno, VRD, kajani; **S. 21:** SpicyTruffel; **S. 23:** RM Design; **S. 27:** Savvapanf Photo ©; **S. 29:** Funtastech; **S. 36:** IgorZh; **S. 38:** Matias; **S. 43:** SpicyTruffel; **S. 53:** kotoffei; **S. 54:** Fukasawa-Krähe; **S. 56:** Günter Albers; **S. 63:** nezezon (6x), Arte Acuático, JenkoAtaman; **S. 65:** Ziyasier; **S. 72:** juliasudnitskaya, Mediaparts, Fiedels, ROSA,Brastock Images, peter brauers, Simona; **S. 73:** Maman; **S. 80:** melosine1302, bayuprahara.

Der vorliegende Band ist eine Print-Einzellizenz

Sie wollen unsere Kopiervorlagen auch digital nutzen? Kein Problem – fast das gesamte KOHL-Sortiment ist auch sofort als PDF-Download erhältlich! Wir haben verschiedene Lizenzmodelle zur Auswahl:

	Print-Version	PDF-Einzellizenz	PDF-Schullizenz	Kombipaket Print & PDF-Einzellizenz	Kombipaket Print & PDF-Schullizenz
Unbefristete Nutzung der Materialien	x	x	x	x	x
Vervielfältigung, Weitergabe und Einsatz der Materialien im eigenen Unterricht	x	x	x	x	x
Nutzung der Materialien durch alle Lehrkräfte des Kollegiums an der lizenzierten Schule			x		x
Einstellen des Materials im Intranet oder Schulserver der Institution			x		x

Die erweiterten Lizenzmodelle zu diesem Titel sind jederzeit im Online-Shop unter www.kohlverlag.de erhältlich.

Aufgabenkarte 1 ⊙

Lückentext – Fülle die richtigen Begriffe ein!
Schreibe anschließend den Sachtext in dein Heft!

„WASSER IST LEBEN!"

Jedes ________________________ braucht Wasser. Egal, ob Mensch, Tier oder ________________________, alle müssen regelmäßig Wasser zu sich nehmen.

Der Körper des ________________________ besteht zu einem sehr großen Teil tatsächlich aus Wasser. Jede einzelne Körperzelle enthält Wasser. Wenn der ________________________ austrocknet, arbeiten die Zellen nicht mehr richtig. Echte Austrocknung ist für uns Menschen sogar gefährlich – uns wird ________________________, wir leiden an Übelkeit und können sogar das Bewusstsein verlieren.

Ein gesunder Mensch kann nur __________ Stunden ohne Wasser überleben.

Rekordhalter beim Überleben ohne Flüssigkeit sind die

________________________.

Sie schaffen es, unglaubliche 10 Monate, ohne einen einzigen Tropfen Wasser zu überstehen!

Pflanze	Menschen	Lebewesen	72
schwindlig	Körper	Kamele	

KOHL VERLAG – Wasserkreislauf an Stationen – Bestell-Nr. 12 888

Lösung Aufgabenkarte 1 ⊙

Jedes ___Lebewesen___ braucht Wasser. Egal, ob Mensch, Tier oder ___Pflanze___, alle müssen regelmäßig Wasser zu sich nehmen.

Der Körper des ___Menschen___ besteht zu einem sehr großen Teil tatsächlich aus Wasser. Jede einzelne Körperzelle enthält Wasser. Wenn der ___Körper___ austrocknet, arbeiten die Zellen nicht mehr richtig. Echte Austrocknung ist für uns Menschen sogar gefährlich – uns wird ___schwindlig___, wir leiden an Übelkeit und können sogar das Bewusstsein verlieren.

Ein gesunder Mensch kann nur ___72___ Stunden ohne Wasser überleben.

Rekordhalter beim Überleben ohne Flüssigkeit sind die ___Kamele___.

Sie schaffen es, unglaubliche 10 Monate, ohne einen einzigen Tropfen Wasser zu überstehen!

KOHL VERLAG Wasserkreislauf an Stationen – Bestell-Nr. 12 888

Aufgabenkarte 2 ⊙

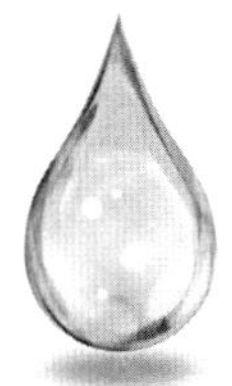

EXPERIMENT – Forscher aufgepasst!
Wir stellen den Wasserkreislauf in der Natur nach!

Wie funktioniert das draußen?

Wenn die Sonne scheint, entsteht Wärme. Diese lässt das Wasser aus Gewässern (z. B. Seen und Meer) verdunsten und als solcher Dunst in den Himmel aufsteigen. Auch die Feuchtigkeit aus Wiesen und dem Erdboden steigt so auf. In den hohen Luftschichten sammelt sich das Wasser und wird zu Wolken. Wenn sich genug Wasser in den Wolken angesammelt hat, und es dort oben ordentlich abkühlt, kommt es als Regen oder anderer Niederschlag wieder zur Erde zurück.

Wie funktioniert das in unserer Klasse?

1. **Du brauchst:** einen Tannenzapfen, ein Stück feuchtes Moos, ein wenig Erde von draußen, einen Teller, Frischhaltefolie.
2. Lege den Tannenzapfen, das Moos und die Erde auf den Teller. Nun breite die Frischhaltefolie darüber, fixiere sie am Boden des Tellers. Wichtig ist, dass sie luftdicht abschließt.
3. Stelle den Teller an einen geschützten Platz und beobachte die Folie – schon nach einem Tag zeigen sich erste feine Wassertröpfchen am Inneren der Folie!

Die Feuchtigkeit aus Tannenzapfen, Moos und Erde steigt auf und schlägt sich an der Folie nieder. Wenn es genug Feuchtigkeit ist, tropft sie sogar wieder auf den Teller zurück.

KOHL VERLAG Wasserkreislauf an Stationen – Bestell-Nr. 12 888

Aufgabenkarte 3 ⊙

EXPERIMENT FÜR SCHLAUMEIER

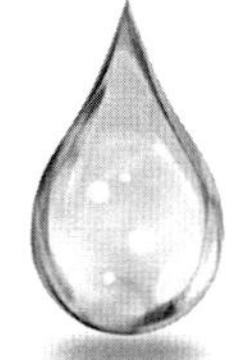

„Es schwimmt!"

Du brauchst:

eine Schüssel mit Wasser, unterschiedliche Versuchsgegenstände, z. B. ein Stückchen Styropor, eine Büroklammer, einen Plastikbaustein, einen Radiergummi, eine Kugel aus zerknülltem Papier, ein Blatt einer Pflanze, einen Grashalm, eine Münze, einen Kieselstein, ...

Versuch:

Trage deine Versuchsgegenstände in die Tabelle ein!

Nun gib deine Schätzung ab – wird der Gegenstand schwimmen, d. h. an der Oberfläche des Wassers bleiben? Wird der Gegenstand untergehen?

Dann kann's losgehen: eine Gegenstand nach dem anderen kommt in die Schüssel! Eintragen nicht vergessen!

Schwimmt dieser Gegenstand?	Schätzung		Versuch	
	ja	nein	ja	nein
Büroklammer				
Kugel zerknülltes Papier				
Styropor				
Grashalm				
Plastikbaustein				

Warum schwimmt ein Gegenstand eigentlich?
Die Antwort liegt in der sogenannten Dichte – ist sie niedriger als die des Wassers, schwimmt der Gegenstand. Die Dichte des Wassers beträgt 1 Gramm pro cm^3

Wasserkreislauf an Stationen – Bestell-Nr. 12 888

Aufgabenkarte 4 ⊙

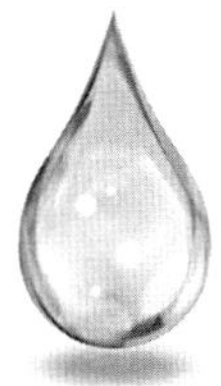

Verbinde die richtigen Wortpaare in Englisch und Deutsch!

the cloud	die Sonne
the wind	der Wind
the sun	der Himmel
the sky	die Wolke
the lightning	der Sturm
the storm	der Blitz
the rain	der Schnee
the snow	der Regen

Zeichne ein Bild, in welchem vier der oben genannten Begriffe vorkommen (zum Beispiel Himmel, Wolke, Schnee und Sonne) und beschrifte deine Zeichnung.

Lösung Aufgabenkarte 4

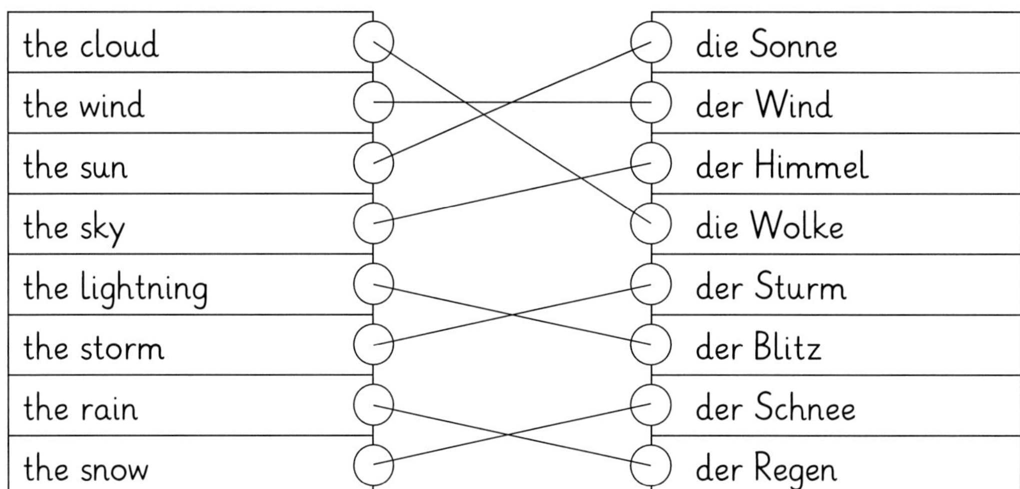

KOHL VERLAG Wasserkreislauf an Stationen – Bestell-Nr. 12 888

Aufgabenkarte 5 ⊙

Bilde aus den untenstehenden Bauklötzen
ganze, sinnvolle Sätze.
Schreibe diese dann auf die Zeilen.
Es gibt mehrere richtige Möglichkeiten.

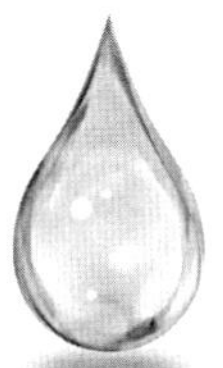

Das Wasser	trocknet	zur Erde herab.
Die Sonne	steht	über den Himmel.
Die Wolke	fällt	hoch.
Der Regen	steigt	am Himmel.
Wasserdampf	zieht	den Boden

Bravo! Unterstreiche nun in deinem Text alle Hauptwörter mit blauem Stift, alle Verben mit rotem Stift.

KOHL VERLAG Lernen mit Erfolg
Wasserkreislauf an Stationen – Bestell-Nr. 12 888

Lösung Aufgabenkarte 5 ⊙

Mögliche sinnvolle Sätze z. B.:

Das Wasser steigt hoch. Das Wasser fällt zur Erde herab.
Die Sonne steht am Himmel. Die Sonne trocknet den Boden.
Die Sonne zieht über den Himmel. Die Wolke steht am Himmel.
Die Wolke zieht über den Himmel. Der Regen fällt zur Erde herab.
Wasserdampf steigt hoch.

Aufgabenkarte 6 ⊙

Betrachte das Bild über den Wasserkreislauf genau!

Schneide die untenstehenden Kärtchen ab und klebe sie richtig ins Bild.

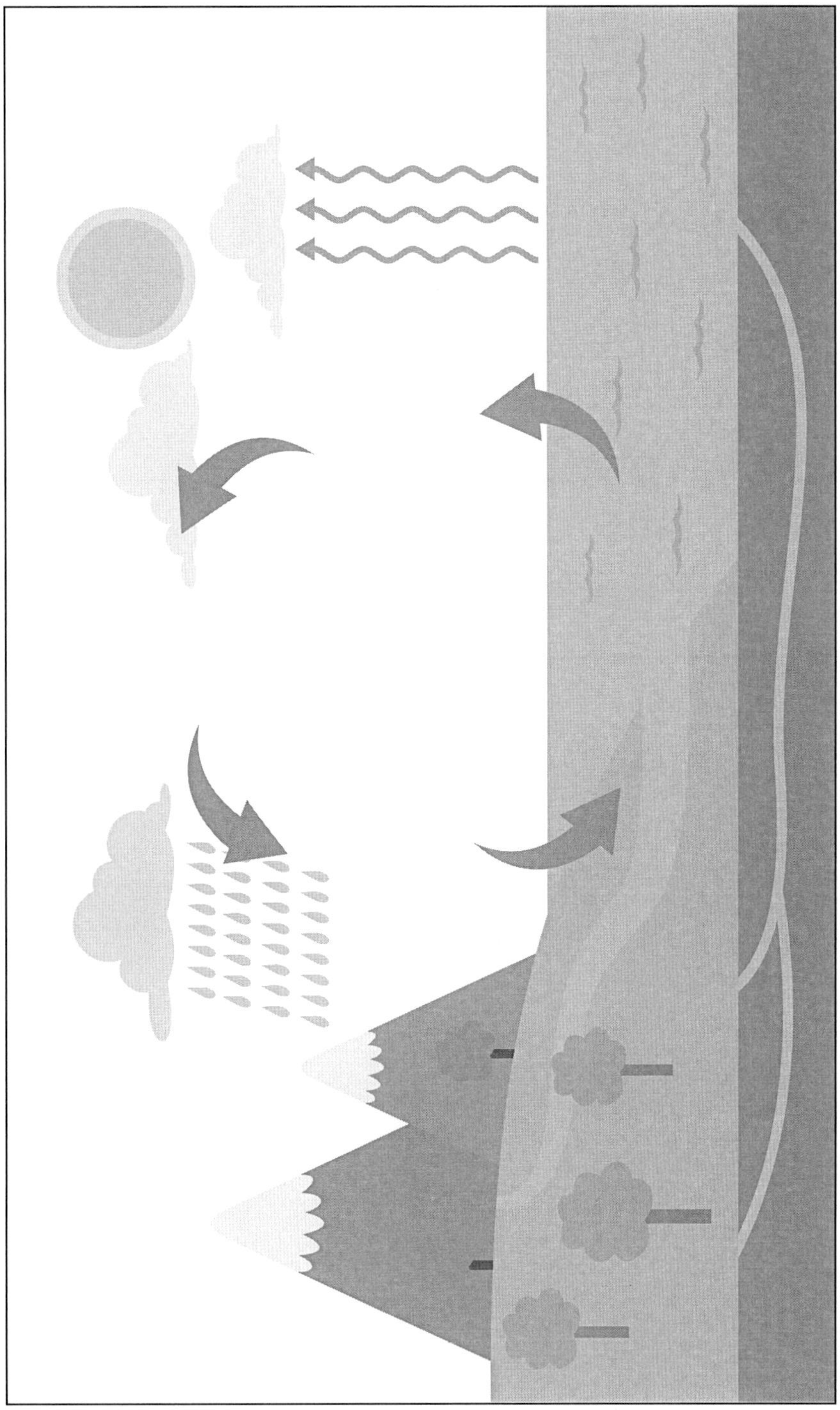

Regen

Gewässer

Versickern

Sonne

Verdunstung

Grundwasser

Wolken

Lösung Aufgabenkarte 6 ⊙

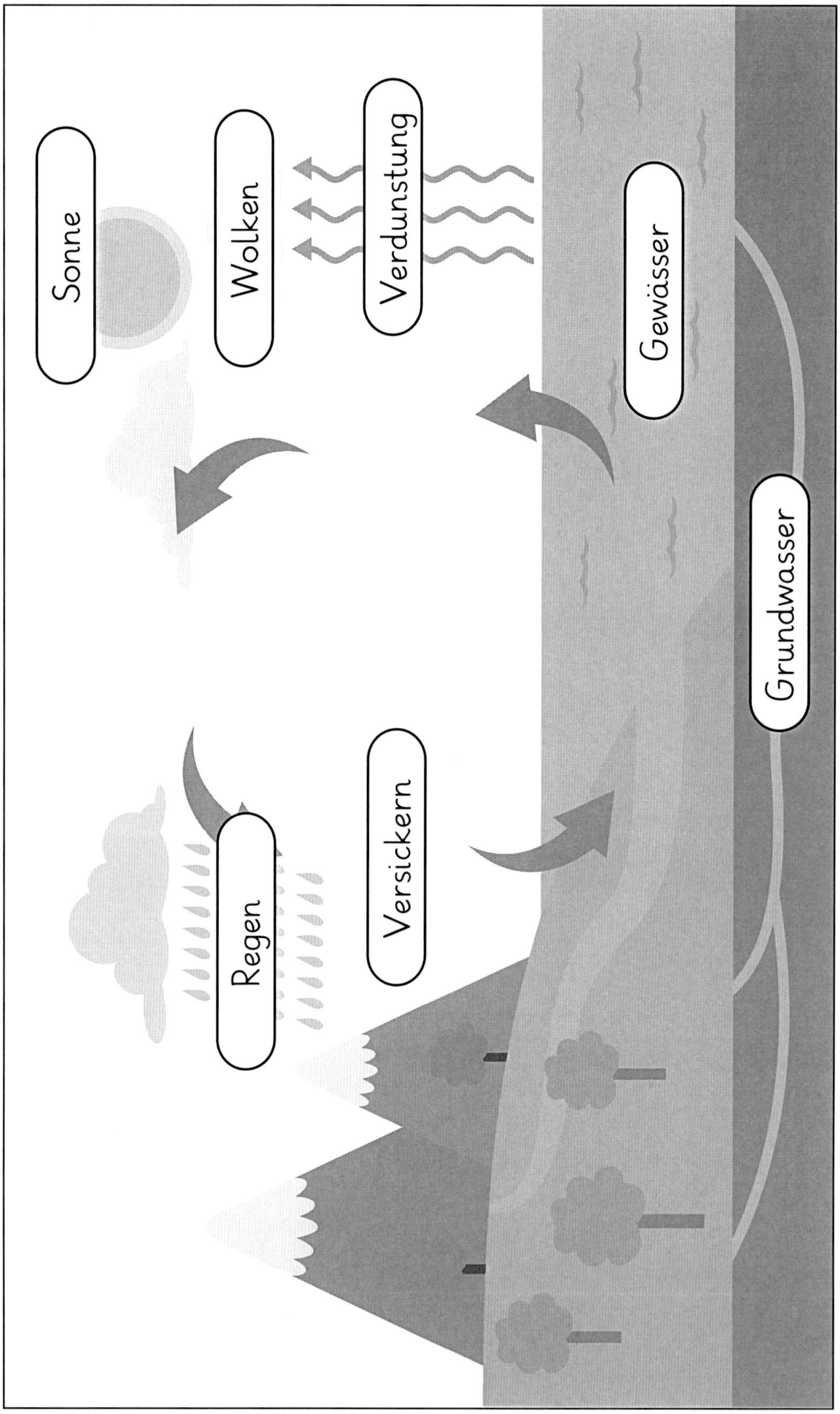

Sonne

Wolken

Verdunstung

Gewässer

Grundwasser

Versickern

Regen

Aufgabenkarte 7 ⊙

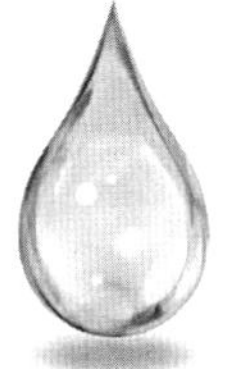

Lies dir die folgenden Textkärtchen durch.

In jedem hat sich ein falsches Wort eingeschlichen!

Streiche sie durch und überlege dir, welches Wort aus dem Kasten unten passen würde.

Nun kannst du alle fünf Sätze richtig in dein Heft schreiben.

Wenn in den Wolken genug Feuchtigkeit angesammelt ist, regnet oder kocht es.

Nebel beginnt bei 100 Grad Celsius zu sieden.

Ein Teich oder ein See ist ein singendes Gewässer.

Die Sonne wärmt den Backofen, so steigt Wasserdampf zum Himmel auf.

Der herabfallende Regen versickert im Boden und bildet dort das Grünzeug.

stehendes | Boden | Grundwasser | schneit | Wasser

Wasserkreislauf an Stationen – Bestell-Nr. 12 888

Lösung Aufgabenkarte 7 ⊙

Wenn in den Wolken genug Feuchtigkeit angesammelt ist, regnet oder ~~kocht~~ es.
schneit

Wasser
~~Nebel~~ beginnt bei 100 Grad Celsius zu sieden.

Ein Teich oder ein See ist ein ~~singendes~~ stehendes Gewässer.

Boden
Die Sonne wärmt den ~~Backofen~~, so steigt Wasserdampf zum Himmel auf.

Der herabfallende Regen versickert im Boden und bildet dort das ~~Grünzeug~~.
Grundwasser

Aufgabenkarte 8 ⊙

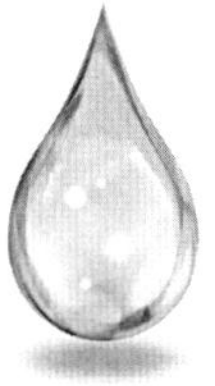

Klitzekleines Wasser-Memo-Spiel

Einfach die Kärtchen ausschneiden, verdeckt auflegen und die richtigen Wortpaare finden! Wer schafft die meisten Paare?

water	sea	cloud
lake	fog	dew
condensation	snow	rain
weather	air	river

Aufgabenkarte 8 ⊙

Klitzekleines Wasser-Memo-Spiel Teil 2

Wasser	Meer	Wolke
See	Nebel	Tau
Kondensation	Schnee	Regen
Wetter	Luft	Fluss

Die Wortpaare sind:
water / Wasser, sea / Meer, cloud / Wolke, lake / See, fog / Nebel, dew / Tau, condensation / Kondensation, snow / Schnee, rain / Regen, weather / Wetter, air / Luft, river / Fluss

Aufgabenkarte 9 ⊙

Regenwetter – wo sind die Wetterprofis?

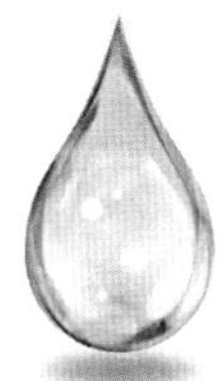

1. Professor Ritschi beobachtet das Wetter. Er schreibt genau mit, wann die Sonne scheint.

   Am Montag gab es 4 Stunden Sonnenschein, am Dienstag waren es zwei Stunden mehr. Dann mittwochs gab es um drei Stunden weniger Sonne als Dienstag. Donnerstag war ein regnerischer Tag mit nur einer Stunde Sonnenschein. Dafür konnte Professor Ritschi dann freitags und samstags je zwei Sonnenstunden notieren. Am Sonntag gab es die meiste Sonne, nämlich doppelt so viel wie am Montag.

   Wie viele Stunden Sonnenschein konnte der Professor für die ganze Woche insgesamt aufschreiben?

   ____

2. Im Winter soll Professor Ritschi bei einer Expedition zum Nordpol den täglichen Niederschlag mitschreiben.

   Er beobachtet folgende Daten:

   Am ersten Tag fallen 34 cm Schnee, am zweiten um 19 cm mehr, am dritten Tag dann so viel, dass am vierten Tag 89 cm Schnee liegen.

   Wie viel Schnee fielen am zweiten und am dritten Tag?

   ____

3. Als er eine große Forschungsreise macht, stellt Professor Ritschi fest, dass in Madagaskar 1513 ml Regen pro Jahr fallen.
   In Finnland sind es hingegen um 977 ml weniger.

   Wie viele ml Regen fallen also jährlich in Finnland?

   ____

Wasserkreislauf an Stationen – Bestell-Nr. 12 888

Lösung Aufgabenkarte 9 ⊙

1. Es sind insgesamt 26 Sonnenstunden.
2. Am zweiten Tag fallen 53 cm Schnee und am dritten Tag kommen 36 cm dazu.
3. In Finnland sind es 536 ml pro Jahr.

Aufgabenkarte 10 ⊙

Au weia!

Das Wettermännchen hat die Wolken kräftig durchgeschüttelt! Finde die richtigen Wörter aus den Wölkchen und notiere sie unten.

Aber Achtung – das Wettermännchen hat einige falsche Wörter dazu geschummelt … Welche passen zum Wasserkreislauf oder zum Wetter, welche eher in die Küche?

____

____

____

Wörter zum Wasserkreislauf:

KOHL VERLAG Wasserkreislauf an Stationen – Bestell-Nr. 12 888

Lösung Aufgabenkarte 10 ⊙

Wolke, Pfanne, Himmel, Teetasse, Gewitter, Regen, Löffel, Schnee, Hagel

Zum Wasserkreislauf:
Wolke, Himmel, Gewitter, Regen, Schnee, Hagel

Aufgabenkarte 11 ⊙

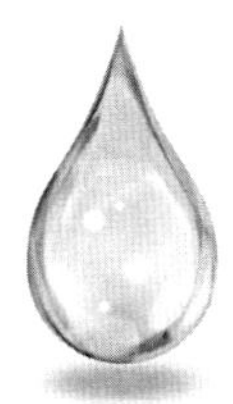

Turn- / Bewegungsspiel „Der Kreislauf des Wassers"

Vorbereitung:

Zuerst bildet ihr zwei Gruppen. Die erste Gruppe ist das Wasser im Boden. Die zweite Gruppe stellt die Wolken dar.

Ein Kind spielt die Sonne, ein Kind spielt den Wind.

Ablauf:

Drei blaue Matten in der einen Hälfte des Turnsaals/ Gymnastikbereichs bilden den Boden. Gruppe 1 nimmt darauf mit verschränkten Beinen Platz. In der anderen Hälfte des Turnsaals liegen Gymnastikreifen am Boden, genug, sodass immer zwei Kinder der Gruppe 2 in einem Reifen sitzen können.

Auf ein Lautsignal eures Lehrers geht es los:

Gruppe 1 versucht, zu den Reifen (hinauf in die „Wolken") zu laufen, ohne vom Wind gefangen zu werden.

Gruppe 2 versucht, auf die Matten (den „Boden") zu kommen, ohne von der Sonne gefangen zu werden.

Wer gefangen wurde, muss zurück, wo er herkam.

Gewonnen hat die Gruppe, welche als erste komplett gewechselt hat.

TIPP: Länger wird das Spiel, wenn man zum Wechseln in der Mitte des Turnsaals noch eine Langbank aufbaut, über die die Kinder balancieren müssen. Hier darf man nicht gefangen werden.

Aufgabenkarte 12 ⊙

Filterexperiment – Wie wird das Grundwasser so sauber?

INFO: Das Regenwasser versickert in der Erde und bildet unsere Grundwasserreserven, aus denen zum Beispiel Trinkwasser gewonnen wird. Beim Versickern durchläuft das Regenwasser viele Erd- und Gesteinsschichten, die es filtern und so säubern.

So könnt ihr diesen Vorgang nachstellen:

Das braucht ihr zuerst:

drei gleich große Blumentöpfe mit Loch im Boden, ein wenig zusammengelegte Alufolie

Kies, Sand, Kaffeefilter

einen Eimer mit Schmutzwasser (z. B. aus einer Pfütze)

einen Eimer zum Auffangen des sauberen Wassers

Anleitung:

In den ersten Blumentopf legt ihr zuerst die zusammengelegte Alufolie, dann kommt der Kies hinein, etwa halb hoch.

In den zweiten Blumentopf ebenfalls Alufolie, dann den Sand.

In den dritten Blumentopf kommt der Kaffeefilter – gut ausbreiten, damit er sich nicht zusammenfaltet. Nun stellt ihr die drei Töpfe übereinander, zuunterst kommt der Kaffeefilter, dann der Sand und ganz oben der Kies. Sauberen Eimer drunter halten!

Gießt ihr nun das Schmutzwasser oben langsam ein, wird es durch alle drei Schichten durchlaufen und gefiltert wieder herauskommen.

KOHL VERLAG Wasserkreislauf an Stationen – Bestell-Nr. 12 888

Aufgabenkarte 12 ⊙

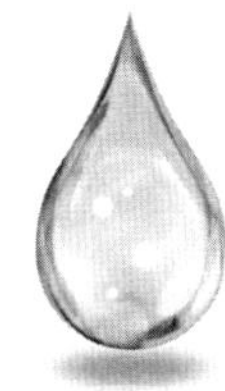

Arbeitsaufträge zum Filterexperiment:

1. Was könnt ihr beobachten? Stellt ihr einen Unterschied zwischen dem Schmutzwasser und dem gefilterten Wasser fest?

____

____

____

2. Versucht nun, die Filter zu ändern, z. B. die Reihenfolge umzudrehen. Gibt es ein anderes Ergebnis?

____

____

____

3. Lasst die ersten Blumentöpfe weg, nehmt nur den Kaffeefilter – was ist nun anders? Geht es genauso schnell?

____

____

4. Überlegt gemeinsam: wofür brauchen wir Trinkwasser? Was bedeuten die Ergebnisse eures Experiments für den Umweltschutz?

____

____

____

____

____

KOHL VERLAG Wasserkreislauf an Stationen – Bestell-Nr. 12 888

Lösung Aufgabenkarte 12 ⊙

Frage 4:

Trinkwasser ist nicht nur zum Trinken wichtig. Wir verwenden es auch zum Zubereiten von Nahrung und zum Kochen. Außerdem wird sauberes Trinkwasser auch im Haushalt benutzt – Geschirrspüler und Waschmaschine, Badewasser und auch die Toilettenspülung zählen hier dazu. Im wirtschaftlichen Bereich brauchen viele Fabriken und Landwirtschaftsbetriebe sauberes Wasser in Trinkqualität zur Versorgung von Lebewesen (Tiere, Gärtnereien) und Herstellung von Gütern (Medizintechnik o. ä.).

Es ist wichtig, gute Wasserfilter herstellen zu können. Davon profitieren auch Menschen in Ländern, wo das Trinkwasser selten und schwer zu bekommen ist. Auch könnte man Nutzwasser in einigen Bereichen verwenden, wo nicht unbedingt Trinkwasser gebraucht wird, etwa zur Reinigung oder Kühlung von Motoren oder Maschinen.

Aufgabenkarte 1 !

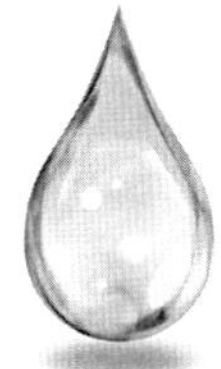

Leseprofis gefragt!

Finde den passenden Satzteil! Verbinde!

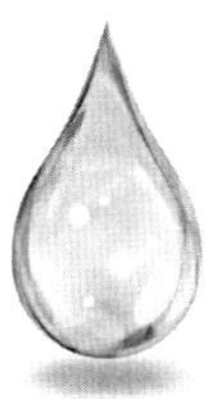

Wenn man Wasser erhitzt,	nur sauberes Wasser.
Wasser hat die chemische Formel	sich Dampf wieder niederschlägt.
Zum Kochen verwendet man	beginnt es zu sieden.
Beim Wasserkreislauf	H_2O.
Kondensieren heißt, dass	gefrorenes Wasser.
Eis und Schnee sind fest, also	spielt die Sonne eine Rolle.
Verdunstung heißt, dass	nicht trinken, zuerst abkochen!
Verschmutztes Wasser sollte man	Feuchtigkeit vom Erdboden aufsteigt.

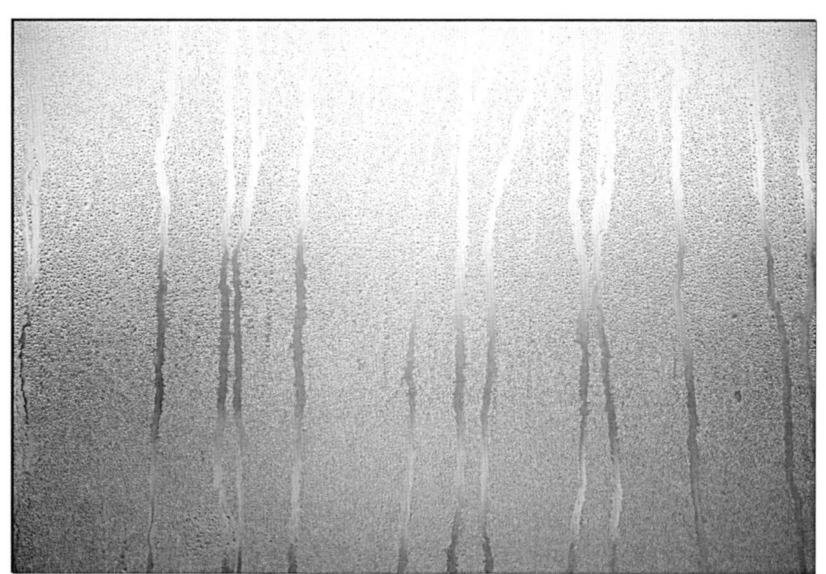

Lösung Aufgabenkarte 1 !

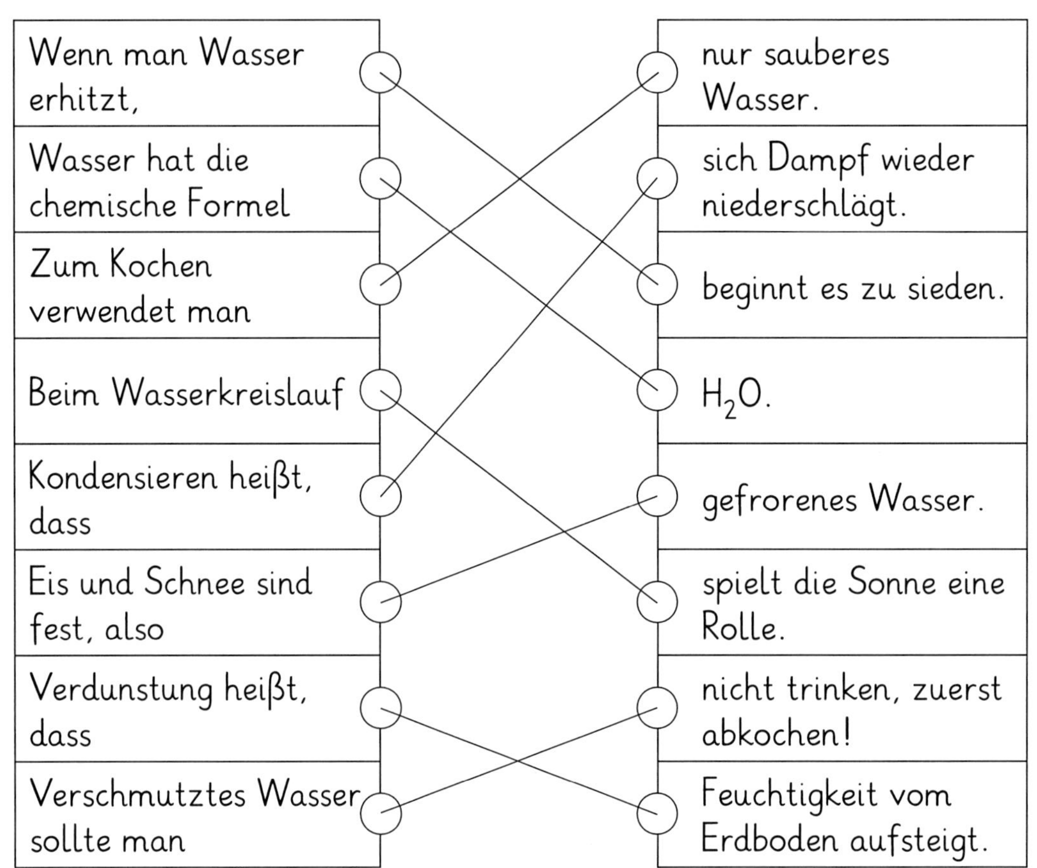

Aufgabenkarte 2 !

Wörtersuchbild „Wasserkreislauf"

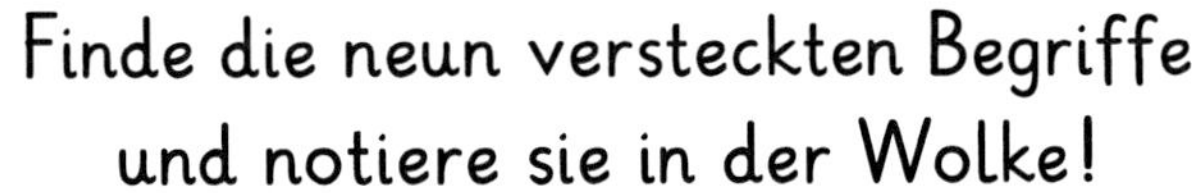

Finde die neun versteckten Begriffe und notiere sie in der Wolke!

R	V	V	P	Y	Q	K	Q	W	O	D	N	J	Z	J
E	F	K	O	N	D	E	N	S	A	T	I	O	N	J
E	L	P	J	F	M	K	S	Q	D	Z	E	F	O	V
M	U	S	Z	D	Q	O	J	S	S	B	D	C	J	P
E	U	B	W	W	K	B	W	C	O	J	E	S	V	B
Q	D	X	A	K	Q	W	K	M	N	C	R	T	Y	Q
X	F	Y	J	L	M	C	H	M	N	J	S	T	I	F
J	O	P	Z	B	B	P	G	B	E	P	C	O	N	Y
J	P	F	A	Q	D	J	H	G	G	S	H	Z	E	M
B	X	F	C	X	D	A	M	P	F	D	L	J	B	G
I	I	B	V	J	B	I	P	O	O	W	A	P	E	R
V	J	Z	R	S	M	E	L	Z	T	O	G	N	L	E
X	R	E	S	S	Ä	W	E	G	Z	L	P	P	H	G
D	L	M	U	Q	O	I	G	I	O	K	W	I	F	E
D	Y	W	Q	X	R	Z	K	Z	Y	E	P	G	W	N

Lösung Aufgabenkarte 2 !

R	V	V	P	Y	Q	K	Q	W	O	D	N	J	Z	J
E	F	K	O	N	D	E	N	S	A	T	I	O	N	J
E	L	P	J	F	M	K	S	Q	D	Z	E	F	O	V
M	U	S	Z	D	Q	O	J	S	S	B	D	C	J	P
E	U	B	W	W	K	B	W	C	O	J	E	S	V	B
Q	D	X	A	K	Q	W	K	M	N	C	R	T	Y	Q
X	F	Y	J	L	M	C	H	M	N	J	S	T	I	F
J	O	P	Z	B	B	P	G	B	E	P	C	O	N	Y
J	P	F	A	Q	D	J	H	G	G	S	H	Z	E	M
B	X	F	C	X	D	A	M	P	F	D	L	J	B	G
I	I	B	V	J	B	I	P	O	O	W	A	P	E	R
V	J	Z	R	S	M	E	L	Z	T	O	G	N	L	E
X	R	E	S	S	Ä	W	E	G	Z	L	P	P	H	G
D	L	M	U	Q	O	I	G	I	O	K	W	I	F	E
D	Y	W	Q	X	R	Z	K	Z	Y	E	P	G	W	N

Dampf, Sonne, Gewässer, Wolke, Regen, Kondensation,
Meer, Niederschlag, Nebel

Wasserkreislauf an Stationen – Bestell-Nr. 12 888

Aufgabenkarte 3 !

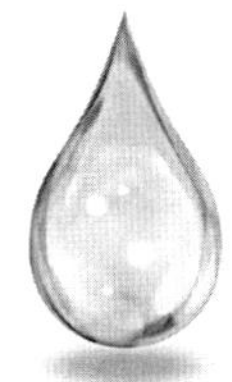

Experiment für Forscherprofis

Wir stellen einen Wasserkreislauf nach

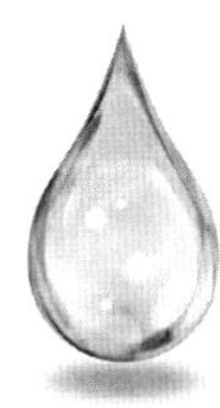

Ihr braucht:

eine Klarsichthülle, wasserfeste Filzstifte, Wasser mit blauer Lebensmittelfarbe, Klebeband.

Versuch:

Bemalt zuerst die Klarsichthülle: Unten zeichnet ihr eine Landschaft, Berge, einen See, ein Haus, einen Baum ... An den oberen Rand zeichnet ihr Wolken und eine Sonne.

Nun füllt ihr in die fertig bemalte Klarsichthülle das blau eingefärbte Wasser ein, bis es etwa 2 cm hoch in der Hülle steht. Markiert den Wasserstand!

Am oberen Rand wird die Hülle nun gut mit Klebeband zugeklebt.

Jetzt befestigt ihr die zugeklebte Hülle an einem Fenster, wo die Sonne gut hinkommt.

Nun geht es los mit dem Eintragen:

Beobachtungen	Ja/Nein	Sonstiges
bilden sich Wassertröpfchen		
wird das Wasser weniger?		

Seht euch die Lesetexte zum Experiment an!

Könnt ihr die Fragen beantworten?

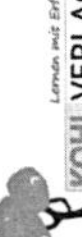

Wasserkreislauf an Stationen – Bestell-Nr. 12 888

Aufgabenkarte 3 !

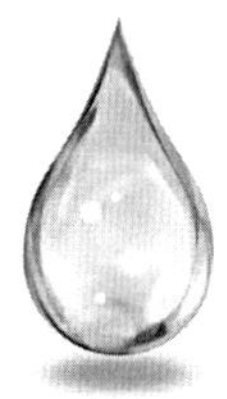

Experiment für Forscherprofis

Wir stellen einen Wasserkreislauf nach

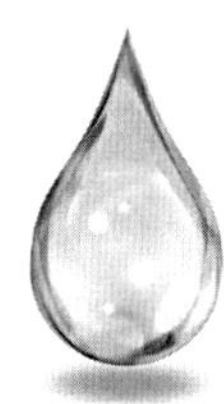

Der Wasserkreislauf – leicht erklärt

Die Sonne scheint auf den Erdboden, auf Gewässer und das Meer. So verdunstet Feuchtigkeit und steigt auf. Dieser leichte Wasserdampf bildet hoch oben in den kalten Luftschichten die Wolken. Sie bestehen aus kleinsten Wassertröpfchen und regnen, sobald sie schwer genug mit Feuchtigkeit angereichert sind, wieder aufs Land herab (Niederschlag).

Der Regen oder auch der Schnee fällt auf die Erde und versickert im Boden. Dort hält sich das Wasser (Grundwasser). Gräbt man einen Brunnen, sammelt sich hier das Grundwasser.

Niederschlag und Verdunstung bilden einen Kreislauf und sind genau ausgewogen, kein Wasser geht verloren, es ändert nur seinen Zustand.

Problematisch wird es, wenn etwa zu viel Niederschlag herabregnet – dann kommt es zu Überflutungen.

Wie lange dauert der Wasserkreislauf in der Natur?

In einem Fluss oder See hält sich das Wasser mehrere Wochen. Gewässer werden meist aus Grundwasser nachgespeist, trocknen also nur selten wirklich aus.

Im Boden hält sich das Wasser viel länger, sogar mehrere Jahre sind hier möglich.

Natürlich kommt es auch drauf an, wie die Temperaturen oder die Wetterverhältnisse sind.

Bei uns im Klassenzimmer geht es schneller.

Aufgabenkarte 3 !

Experiment für Forscherprofis
Wir stellen einen Wasserkreislauf nach

Expertenfragen zur Aufgabenkarte 3:

Wie lange kann Grundwasser im Boden verweilen?

___

Muss Wasser kochen, um zu verdunsten?

___

Woraus bestehen Wolken?

___

Was heißt Niederschlag?

___

Kann im Wasserkreislauf Wasser verloren gehen?

___

Bei welchem Wetter kommt Wasser wieder zur Erde zurück?

___

Können wir im Klassenzimmer auch den Wasserkreislauf nachstellen?

___

(Hilfe findest du im Lösungsteil)

Lösung Aufgabenkarte 3 !

Lösungen zu den Expertenfragen:

Wasser kann sogar mehrere Jahre im Boden bleiben.

Nein.

Sie bestehen aus verdunsteten und aufgestiegenen Wassertröpfchen.

Niederschlag ist z. B. Regen oder Schnee.

Nein, es geht kein Wasser verloren. Niederschlag und Verdunstung bilden einen ausgewogenen Kreislauf.

Bei Niederschlag, also etwa Regen oder Schneefall.

Ja, das geht z. B. mit dem Experiment mit der Klarsichthülle!

Wasserkreislauf an Stationen – Bestell-Nr. 12 888

Aufgabenkarte 4 !

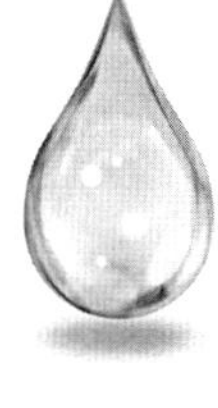

Das Wetterquiz für Wetterfrösche

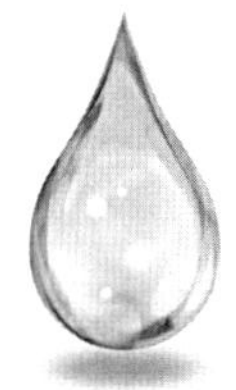

1. Teilt euch in zwei Gruppen auf:
   Team Wassertröpfchen und Team Schneeflöckchen
2. Die Rätselfragen werden abgeschnitten und eine Gruppe liest die ersten fünf Rätselfragen vor, die andere Gruppe soll raten.
3. Dann wird getauscht.
   Bei jeder Gruppe wird nun eingetragen, wie viele Antworten sie richtig gegeben hatte. (Tabelle siehe nächste Seite!)
   Pro richtige Antwort erhält eine Gruppe einen Punkt!

Rätselfragen zum Abschneiden:

Wie nennt man das versickerte Wasser im Boden?	Grundwasser
Wie nennt man es, wenn Wasserdampf zum Himmel aufsteigt?	Verdunstung
Welches Wetterphänomen geht mit Blitz einher?	Gewitter
Was befindet sich in der Mitte einer Schneeflocke?	ein Staubkorn
Ist die Luft hoch über dem Erdboden warm oder kalt?	Kalt
Was bilden die kondensierenden Wassertröpfchen am Himmel?	Wolken
Wie kommt das Wasser aus den Wolken wieder zur Erde zurück?	als Niederschlag
Kann im Wasserkreislauf Wasser verloren gehen?	Nein
Wie nennt man elektrische Entladungen bei Gewitter?	Blitz
Kann Nebel gefrieren?	Ja

KOHL VERLAG Wasserkreislauf an Stationen – Bestell-Nr. 12 888

Aufgabenkarte 4 !

Das Wetterquiz für Wetterfrösche

Tabelle zum Wetterfrosch-Quiz in Aufgabenkarte 4

Hier werden nun die Punkte der Gruppen eingetragen, ein Spieler schreibt immer mit. Er macht einen Punkt für eine richtige Antwort, ein Kreuz für eine falsche Antwort.

Team Wassertröpfchen	Team Schneeflöckchen
Frage 1:	Frage 1:
Frage 2:	Frage 2:
Frage 3:	Frage 3:
Frage 4:	Frage 4:
Frage 5:	Frage 5:

gesamt: gesamt:

Aufgabenkarte 4 !

Das Wetterquiz für Wetterfrösche

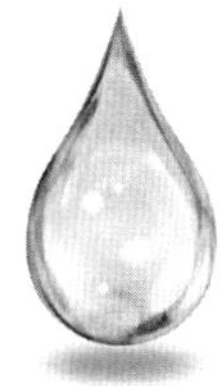

Ihr wollt noch eine Runde spielen? Hier sind noch weitere Fragen!

Bei welcher Temperatur kocht Wasser?	100 Grad Celsius
Wie nennt man es auch, wenn Wasser kocht?	Sieden
Brauchen alle Lebewesen Wasser?	Ja
Wie nennt man Eisklumpen, die vom Himmel fallen?	Hagel oder Graupel
Kann man Schnee zum Kochen bringen?	Ja
Wie nennt man die Lehre vom Wetter?	Meteorologie
Wer erwärmt das Wasser im Boden, sodass es aufsteigt?	die Sonne
Was passiert, wenn zu viel Regen zur Erde fällt und der Boden das viele Wasser nicht aufnehmen kann?	es kommt zu Überflutungen
Wie nennt man das, wenn morgens die Wiesen nass sind?	Tau
Kann Regen beim Herabfallen gefrieren?	Ja
Nennt ein stehendes Gewässer!	See, Teich, Weiher
Nennt ein fließendes Gewässer!	Fluss, Strom, Bach
Bestehen Meere aus Salzwasser oder Süßwasser?	Salzwasser

(Fortsetzung nächste Seite)

KOHL VERLAG Lernen mit Erfolg Wasserkreislauf an Stationen – Bestell-Nr. 12 888

Aufgabenkarte 4 !

Das Wetterquiz für Wetterfrösche

Kann Meerwasser trotz Salzgehalt einfrieren?	Ja
Wie nennt man gefrorenen Tau?	Raureif
In welcher Jahreszeit liegt morgens Nebel auf dem Boden?	vor allem im Herbst
In welcher Jahreszeit kommt es leichter zu Hagelgewittern?	eher im Sommer
Gibt es Erdregionen, in denen es noch nie geregnet hat?	Nein
Gibt es Erdregionen, in denen es jahrelang nicht geregnet hat?	Ja, z. B. die Atacamawüste

Ihr habt noch Ideen für spannende Fragen?
Hier unten könntet ihr sie dazuschreiben!
Viel Spaß beim Rätseln!

Aufgabenkarte 5 !

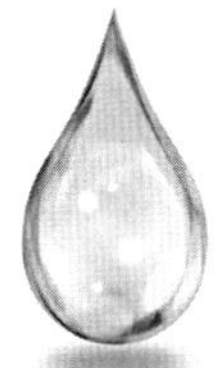

Die krassesten Wetterrekorde der Welt!

Der nasseste Ort der Welt: der meiste Regen fällt durchschnittlich in Mawsynram / Indien.

Der schneereichste Ort der Welt: Tateyama Kurobe in Japan – hier liegt zeitweise bis zu 20 m hoch Schnee! Platz zwei ist der Mount-Rainier-Nationalpark in den USA mit etwa 17 m Schnee.

Der trockenste Ort der Welt: Chillaqua in Chile, Südamerika – hier hat es jahrelang überhaupt nicht geregnet! Platz zwei ist die Atacamawüste in Chile.

Der heißeste Ort der Welt: Death Valley, USA – hier konnte man im Jahr 2021 heiße 54,4 Grad Celsius messen. Platz zwei ist Mitribah in Kuwait mit 54,0 Grad Celsius. Bitte in den Schatten setzen!

Der kälteste Ort der Welt: dieser ist Wostok in der Antarktis – hier konnten im Jahr 1983 sagenhafte minus 89,2 Grad Celsius gemessen werden! Der kälteste bewohnte Ort ist Oimjakon in Russland mit kühlen minus 67,9 Grad Celsius. Gemütlich!

Quelle: https://www.traveltheweather.de/ Stand März 2024

Aufgabenkarte 6 !

Experiment zur Verdunstung von Wasser

Wie schnell wird das Wasser in zwei unterschiedlichen Versuchsbedingungen verdunsten?

Du brauchst:

zwei kleine Töpfe
eine (mobile) Herdplatte
Wasser aus der Wasserleitung, Löffel, Salz

Und so geht´s:

Versuchsbedingung 1: Gieße 2 EL Wasser aus der Leitung mit 1 EL Salz vermengt in einen kleinen Topf und stelle ihn auf die Herdplatte bei mittlerer Stufe, das Wasser soll nicht zu kochen beginnen, nur dampfen.

Versuchsbedingung 2: Gieße 2 EL Wasser aus der Leitung mit derselben Temperatur in den kleinen Topf und stelle ihn auf die Platte, nur eben ohne Salz.

Beobachte nun, welcher Topf als erster leer ist – also welches Wasser schneller verdunstet.

Notiere hier deine Beobachtungen:

Welcher Topf war als erster leer? ______________________

Wie lange hat er gebraucht? ______________________

Wie lange dauerte es, bis auch der zweite Topf leer war? __________

Sonstiges, was dir aufgefallen ist: ______________________

Wasserkreislauf an Stationen – Bestell-Nr. 12 888

Aufgabenkarte 7 !

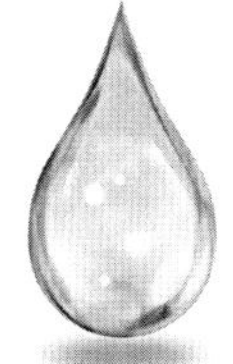

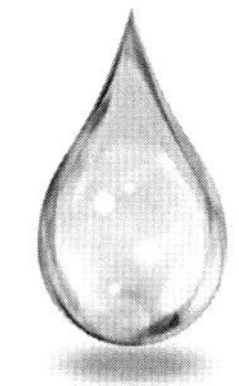

Infosätze zum Wasserkreislauf

Bringe die folgenden Infoteile in die richtige Reihenfolge!

Nummeriere sie und schreibe sie dann auf die Zeilen.

	Am Himmel in kalten Luftschichten kühlt der Dunst ab – er kondensiert.
	Durch die Wärme verdunstet die Feuchtigkeit und steigt auf.
	Als Regen oder Schnee fällt das Wasser wieder vom Himmel.
	Der abgekühlte Dunst bildet nun Wolken, die Feuchtigkeit sammeln.
1	Die Erde und der Boden erwärmen sich durch die Sonne.
	Es versickert im Boden.

Lösung Aufgabenkarte 7 !

3	Am Himmel in kalten Luftschichten kühlt der Dunst ab – er kondensiert.
2	Durch die Wärme verdunstet die Feuchtigkeit und steigt auf.
5	Als Regen oder Schnee fällt das Wasser wieder vom Himmel.
4	Der abgekühlte Dunst bildet nun Wolken, die Feuchtigkeit sammeln.
1	Die Erde und der Boden erwärmen sich durch die Sonne.
6	Es versickert im Boden.

Lernen mit Erfolg KOHL VERLAG Wasserkreislauf an Stationen – Bestell-Nr. 12 888

Aufgabenkarte 8 !

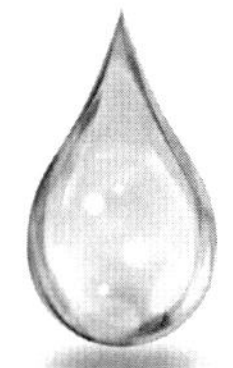

Au weia!

Das Wettermännchen kann es nicht lassen – es hat wieder mal alle Wölkchen kräftig durcheinandergeschüttelt.

Findest du die richtigen Wörter?

lieNasrdgceh

evdternuns

fpasaWedsmr

cfLtuhitsch

ilzBt

ellnhcfeaS

onrauteMg

nseriodenekn

gäEnuwmrr

Welches Wort ist alphabetisch das erste?

Welches Wort ist alphabetisch das letzte?

KOHL VERLAG Wasserkreislauf an Stationen – Bestell-Nr. 12 888

Lösung Aufgabenkarte 8 !

Niederschlag, verdunsten, Wasserdampf, Luftschicht, Blitz, Schneefall, Morgentau, kondensieren, Erwärmung

alphabetisch das erste: Blitz, das letzte: Wasserdampf

Aufgabenkarte 9 !

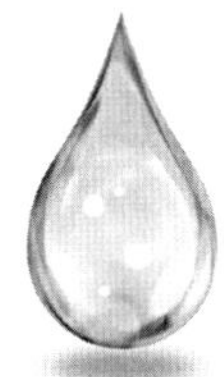

Lesetext – Gewässerarten

Wir kennen **stehende** oder **fließende** Gewässer. Zu den stehenden gehören beispielsweise Seen oder Weiher. Auch Teiche passen in diese Kategorie, sind meist aber keine natürlich vorkommenden Gewässer, sondern von Gärtnern oder Biologen angelegt. Tümpel oder Kleinbiotope fallen ebenfalls in diese Sparte.

Fließgewässer sind Bäche, Flüsse oder Ströme. Sie fließen natürlich, münden oft in größere Gewässer wie Seen oder Meere.

Meere sind so groß, dass sie fließende Anteile besitzen, aber an sich zu den **Stehgewässern** gezählt werden.

Außerdem unterscheiden wir zwischen **Binnengewässern** (von Land umschlossen) und **Küstengewässern** (küstennahe Gewässer, meist mit Meer verbunden).

Lesetext – Der Kreislauf des Wassers

Durch Sonneneinstrahlung erwärmt sich die Feuchtigkeit im Boden und an den Oberflächen von Gewässern. Sie beginnt zu verdunsten und steigt so als unsichtbarer Dampf auf. Dieser Dunst besteht aus kleinsten Wassertröpfchen, die dann in hohen Luftschichten wieder abkühlen und Wolken entstehen lassen. Man spricht von Kondensation.

Die Wolken sammeln mehr und mehr Feuchtigkeit an. So erhöht sich der Druck und die schwebenden Tröpfchen werden immer schwerer. Werden sie zu schwer, kommt es zum Niederschlag, also beispielsweise Regen.

Werden die Wassermassen immer höher hinaufgewirbelt, gefrieren sie und es bilden sich Eiskristalle in den Wolken.

Kommt es nun zu Niederschlag, sprechen wir von Graupel oder Hagel. So gelangt das Wasser wieder zu Erde.

KOHL VERLAG Wasserkreislauf an Stationen – Bestell-Nr. 12 888

Aufgabenkarte 9 !

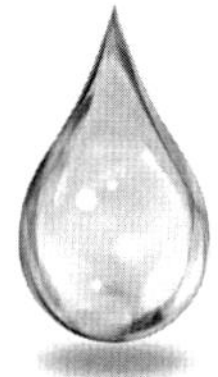

Lesetext – Gewässerarten

Lesetext Wolken

Zirruswolken:
Sie heißen auch Federwolken und sehen aus wie zerfetzte Zuckerwatte. Sie bilden keinen zusammenhängenden Wolkenkörper. Diese Art von Wolken besteht aus Eis und bildet sich nur in sehr hohen und eisig kalten Luftschichten. Zirruswolken zeigen meist Schönwetter an.

Kumuluswolken:
Diese sehen aus wie die „typische" Wolke – sie bestehen aus zusammengeballtem Wasserdampf. Kumuluswolken sind kuppelförmig oder übereinander getürmt und zeigen eher Schlechtwetter an, vor allem wenn sie morgens auftreten.

Stratuswolken:
Wie eine Decke aus Wolken sieht der Himmel bei Stratuswolken aus. Man kann keine einzelnen Wolken mehr unterscheiden, sie hängen zusammen und sind Anzeichen für schlechtes Wetter. Sie tragen viel Regen und Feuchtigkeit, auch Schnee kommt meist aus Stratuswolken zur Erde.

Nimbostratus-Wolken:
Sie sind sehr groß und hoch, meist dunkelgrau oder blaugrau an der Unterseite und echte Vorzeichen für schweren Regen, Gewitter oder sogar Schneestürme. Zumeist ziehen sie recht schnell, da durch das bevorstehende Schlechtwetter der Wind auch ziemlich stark ist.

KOHL VERLAG Wasserkreislauf an Stationen – Bestell-Nr. 12 888

Aufgabenkarte 9 !

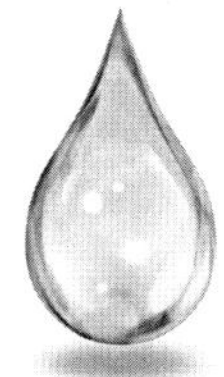

Lesetext – Gewässerarten

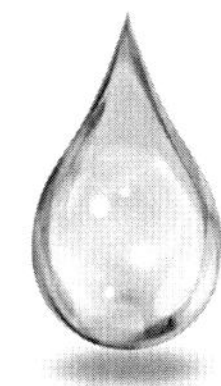

Arbeitsaufträge zu den Lesetexten

1. Such dir einen Lesetext aus und unterstreiche mit Leuchtmarker die wichtigsten Textpassagen. Achte darauf, nicht zu viel Info auszulassen.
2. Notiere dir zum Text die wichtigsten Stichwörter:

___

___

3. Fasse den Lesetext nun in eigenen Worten zusammen. Schreibe in dein Heft oder deine Forschermappe, es sollten etwa 60 Wörter sein.

FÜR SCHNELLE KIDS:

Suche dir einen Lesetext aus und zeichne dazu passend ein Bild in den untenstehenden Kasten. Beschrifte das Bild mit 5 Wörtern aus dem Text.

Aufgabenkarte 10 !

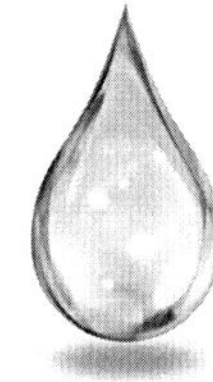

MATHEPROFI AUFGEPASST –

kannst du die Wetteraufgaben lösen?

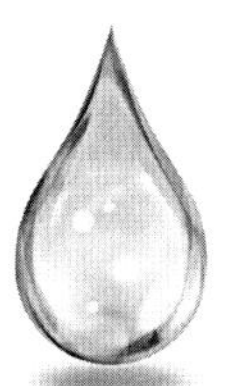

1. Temperaturen kann man in Grad Celsius (°C) oder Grad Fahrenheit (°F) angeben. In einigen Ländern, z. B. den USA ist die Angabe in Grad Fahrenheit üblich, bei uns findet man eher Grad Celsius.

0 °C entsprechen 32 °F

Schätze nun, welche Temperaturen zusammenpassen und verbinde!

25 °C	14 °F
100 °C	149 °F
300 °C	77 °F
-10 °C	572 °F
65 °C	212 °F

2. Schau dir die Wettertabellen an! Berechne die Durchschnittstemperatur dieser Wochen!

Montag	10 °C
Dienstag	12 °C
Mittwoch	16 °C
Donnerstag	14 °C
Freitag	11 °C
Samstag	9 °C
Sonntag	5 °C

Durchschnitt? Zähle alle Temperaturen zusammen und dividiere dann durch 7.

Montag	20 °C
Dienstag	22 °C
Mittwoch	10 °C
Donnerstag	8 °C
Freitag	8 °C
Samstag	10 °C
Sonntag	6 °C

KOHL VERLAG Lernen mit Erfolg
Wasserkreislauf an Stationen – Bestell-Nr. 12 888

Aufgabenkarte 10 !

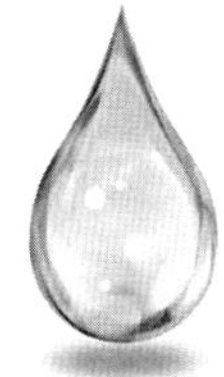

MATHEPROFI AUFGEPASST –

kannst du die Wetteraufgaben lösen?

3. Zeichne nun in diese beiden leeren Diagramme die Temperaturen der Wochen ein!

Woche 1

Temperatur (°C)

30
25
20
15
10
5
0

Montag Dienstag Mittwoch Donnerstag Freitag Samstag Sonntag

Woche 2

Temperatur (°C)

30
25
20
15
10
5
0

Montag Dienstag Mittwoch Donnerstag Freitag Samstag Sonntag

Lösung Aufgabenkarte 10 !

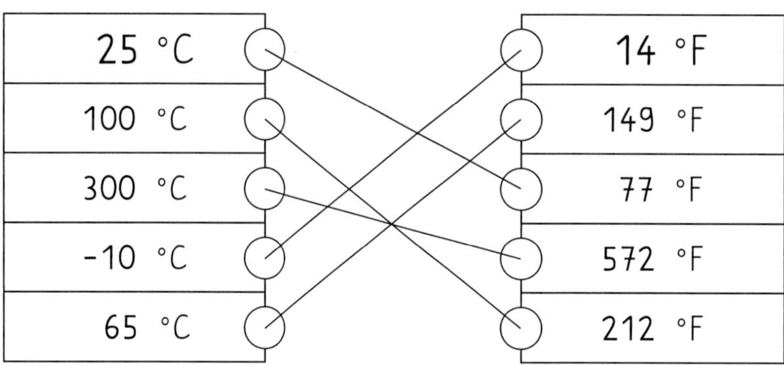

Woche 1: Durchschnittstemperatur 11 °C,
Woche 2: Durchschnittstemperatur 12 °C

DAS IST JA GELACHT –
hier ein ultimativer WITZ
für Wetterfrösche!

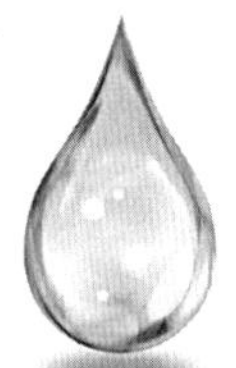

Im Reisebüro: „Ich möchte ein Busticket nach Sicht." „Wie bitte? Wo soll das denn sein?" „Keine Ahnung, aber es hieß im Radio: Schönes Wetter in Sicht!"

KOHL VERLAG Wasserkreislauf an Stationen – Bestell-Nr. 12 888

Aufgabenkarte 11 !

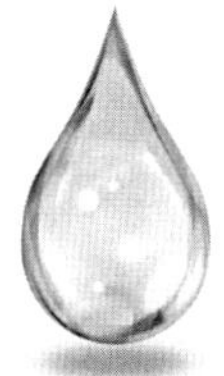

Lückentext

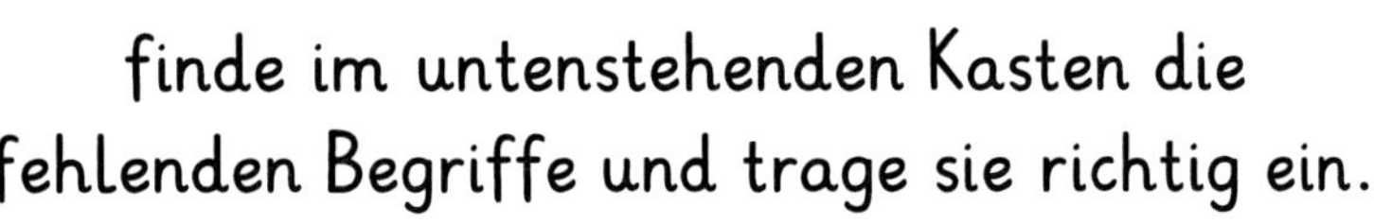

finde im untenstehenden Kasten die fehlenden Begriffe und trage sie richtig ein.

Aggregatzustände des Wassers

Wir kennen Wasser meist in flüssigem ____________. Es ändert jedoch seine Beschaffenheit, je nachdem welche Temperatur es hat.

Bei 100 °C beginnt Wasser zu sieden. Dies nennt man den Siedepunkt. Hier verdampft die ___________________ und somit geht das Wasser in den gasförmigen Aggregatzustand über. Wenn es unter 100 Grad verdampft, nennt man dies Verdunstung.

Bei 0 °C allerdings friert Wasser ein. Auch hier ändert es nun seinen Aggregatzustand und wird _________.

Auch Schnee oder Hagel ist nichts anderes als ___________ Wasser.

Somit können wir im Wasserkreislauf die _____ Aggregatzustände finden:

Die Verdunstung findet statt, sobald die Sonnenwärme auf feuchten ____________ oder feuchte Wasseroberflächen einwirkt. Nach dem Abkühlen in hohen Luftschichten wird aus den Wolken Niederschlag, der als flüssiger Regen oder festes Eis, ____________ oder Hagel zur Erde niedergeht.

Flüssigkeit	drei	Zustand	Schnee
gefrorenes	Boden	fest	

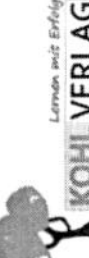

KOHL VERLAG Wasserkreislauf an Stationen – Bestell-Nr. 12 888

Lösung Aufgabenkarte 11 !

Aggregatzustände des Wassers

Wir kennen Wasser meist in flüssigem Zustand. Es ändert jedoch seine Beschaffenheit, je nachdem welche Temperatur es hat.

Bei 100 °C beginnt Wasser zu sieden. Dies nennt man den Siedepunkt. Hier verdampft die Flüssigkeit und somit geht das Wasser in den gasförmigen Aggregatzustand über. Wenn es unter 100 Grad verdampft, nennt man dies Verdunstung.

Bei 0 °C allerdings friert Wasser ein. Auch hier ändert es nun seinen Aggregatzustand und wird fest.

Auch Schnee oder Hagel ist nichts anderes als gefrorenes Wasser.

Somit können wir im Wasserkreislauf die drei Aggregatzustände finden:

Die Verdunstung findet statt, sobald die Sonnenwärme auf feuchten Boden oder feuchte Wasseroberflächen einwirkt. Nach dem Abkühlen in hohen Luftschichten wird aus den Wolken Niederschlag, der als flüssiger Regen oder festes Eis, Schnee oder Hagel zur Erde niedergeht.

KOHL VERLAG Wasserkreislauf an Stationen – Bestell-Nr. 12 888

Aufgabenkarte 12 !

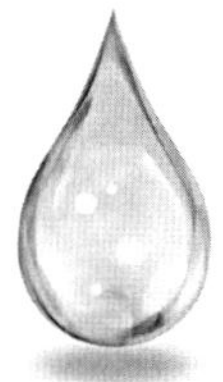

Wetterberichte

Schreibt für folgende Wetterkärtchen den Beitragstext!

Spielt danach die Wettermoderatoren oder Meteorologen in eurer Klasse!

Temperatur: 12 °C/20 °C
wolkig, Sonne nachmittags

Zum Beispiel:

„Willkommen, liebe Zuschauer! Ich darf Ihnen den Bericht für das heutige Wetter liefern! Ein Blick auf unsere Karte zeigt, dass wir morgens mit Frühtemperaturen von etwa 12 Grad rechnen dürfen. Dazu gibt es einige Wolken am Himmel und nur vereinzelt Wind in niederen Lagen. Nachmittags können wir uns auf Sonnenstunden freuen und die Höchstwerte werden bis zu 20 °C erwartet! Einen schönen Tag wünsche ich Ihnen!"

Temperatur: 3 °C/10 °C
regnerisch, Gewitter abends

Temperatur: 14 °C/25 °C
sonnig, freundlich, ruhig

Temperatur: –2 °C/5 °C
eisig, Eisregen, Schnee abends

Temperatur: 0 °C/13 °C
morgens Blitzeis, Sonne

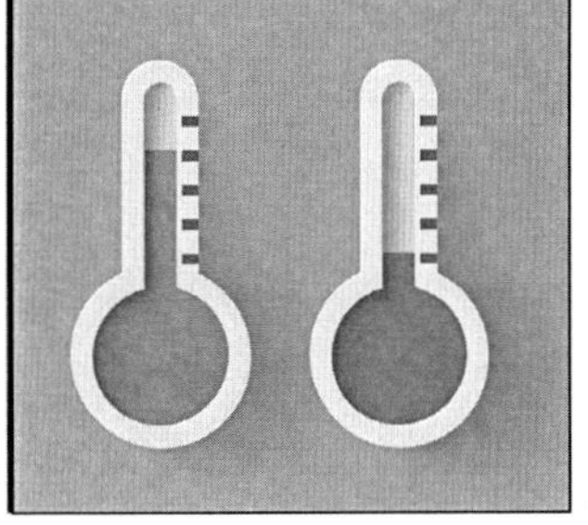

KOHL VERLAG Wasserkreislauf an Stationen – Bestell-Nr. 12 888

Aufgabenkarte 1 ✶

5 UMWELTTIPPS – wie kannst du leicht Wasser sparen?

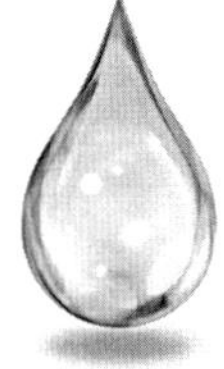
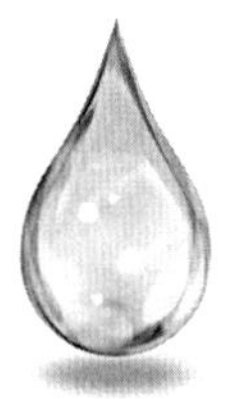
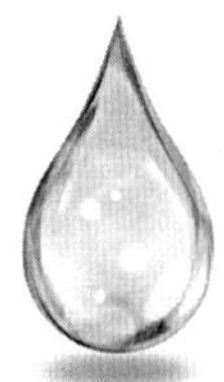

- Beim Zähneputzen einen Becher benutzen, Wasser abdrehen während des Putzens.
- Nicht täglich ein Vollbad nehmen, sondern auch mal die Dusche benutzen.
- Nur ein paar Tassen und Teller? Spüle sie doch mit der Hand, nicht die halbleere Geschirrspülmaschine anschalten.
- Verwende abgestandenes Wasser (zum Beispiel im Wasserkrug am Esstisch) zum Gießen deiner Zimmerpflanzen, nicht wegschütten.
- Zum Putzen eignet sich auch Regenwasser! Wer keine Regentonne hat, stellt einen Eimer nach draußen, z. B. in den Hof.

Arbeitsaufträge:

1. Finde je ein Argument, wieso diese Tipps wertvoll und nützlich sein könnten! (Beispiel: Wirst du wirklich jeden Tag so schmutzig, dass du ein Vollbad brauchst? Du wirst auch sauber, wenn du dich unter die Dusche stellst. Außerdem bist du dann auch schneller fertig!)
2. Gestalte ein Plakat für euren Flur! Zeichnet zu den Tipps! Benutzt dicke Faserstifte und verschiedene Farben.
3. Welche dieser Umwelttipps könnte man auch in der Schule nutzen? Schreibt einen Brief an euren Klassenlehrer / einen Vertrauenslehrer und tragt eure Argumente vor!
4. Spielt in zwei Gruppen eine Diskussion nach. Eine Gruppe verteidigt den Umwelttipp, die andere Gruppe spricht dagegen. Diskutiert fünf Minuten, wer gewinnt?

Aufgabenkarte 2 ✶

Arbeitstext zum Thema Wasserkreislauf/Niederschlag

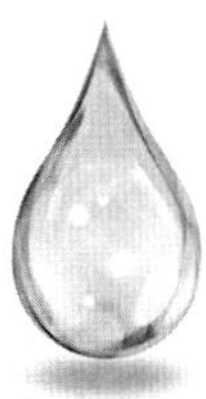

Es gibt viele unterschiedliche Arten von Niederschlag. Die meisten Menschen kennen Regen oder Schnee, jedoch zählen hierzu auch andere Wettererscheinungen.

Man unterscheidet flüssigen oder festen Niederschlag. In der Meteorologie kennen die Wissenschaftler über 30 verschiedene Arten von Niederschlag.

Während der Sommermonate kommt es manchmal zu sogenannten Hagelschauern, das sind Eiskörnchen, die größer als 0,5 cm sind und in heftigen Wogen vom Himmel fallen. Sind die Körnchen kleiner als einen halben Zentimeter nennt man sie Graupel.

Wenn morgens Wiesen und Pflanzen nass sind, spricht man vom Tau. Er schlägt sich in den frühesten Stunden des Tages in Bodennähe nieder und besteht aus Kondenswasser.

In den kalten Monaten kennen wir Eisregen, Schneeregen oder auch gefrierenden Regen. Raureif ist gefrorener Morgentau, der meist besonders schön aussieht. Ebenfalls hübsch anzusehen und zum Niedereschlag gehörig sind die Eisblumen – sie entstehen auf Oberflächen oder schlecht isolierten Fenstern, wenn die beschlagene Feuchtigkeit schnell gefriert.

Nebel entsteht vor allem im Herbst durch Temperaturunterschiede z. B. zwischen Tag und Nacht. Er ist dann besonders morgens in Bodennähe zu sehen. Im Laufe des Tages wird der Nebel dann von der Sonne aufgetrocknet und verdunstet.

Lies den obenstehenden Text sorgfältig durch.
Auf der kommenden Seite findest du die Arbeitsaufträge!

Aufgabenkarte 2 ✶

Arbeitsaufträge zum Thema Wasserkreislauf/Niederschlag

 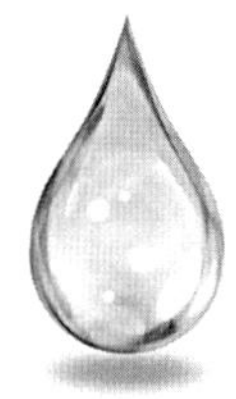 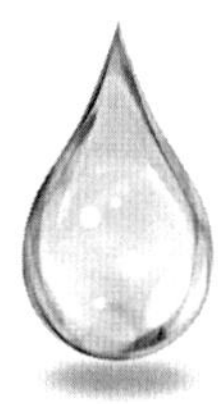

1. Unterstreiche alle Niederschlagsarten, die du im Text finden kannst.
2. Notiere jene, die man dem festen Niederschlag zuordnen kann:

___

___

3. Welche Arten des Niederschlags kennst du?

___

___

Beschreibe, wo du diese Wettererscheinungen beispielsweise sehen oder erleben konntest!

___

___

___

___

___

___

KOHL VERLAG Wasserkreislauf an Stationen – Bestell-Nr. 12 888

Aufgabenkarte 2 ✶

Arbeitsaufträge zum Thema Wasserkreislauf / Niederschlag

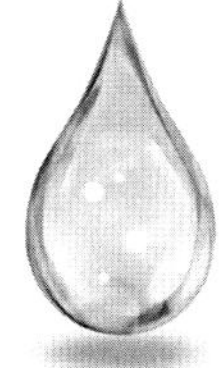
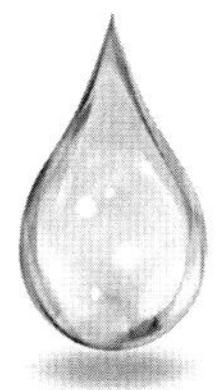

4. Nenne zwei Arten des Niederschlags, die während der kalten Jahreszeit vorkommen:

____

____

____

5. Nenne zwei Arten des Niederschlags, die eher in der warmen Jahreshälfte vorkommen:

____

____

____

6. Zeichne in einem Bild mit Buntstiften deine liebste Niederschlagsart!

Lösung Aufgabenkarte 2 ✶

Regen, Schnee, Hagel, Graupel, Tau, Eisregen, Schneeregen, gefrierender Regen, Raureif, Eisblumen, Nebel

fest: Schnee, Hagel, Graupel, Eisregen, Schneeregen, gefrierender Regen, Raureif, Eisblumen

während der kalten Jahreszeit: z. B. Schnee, Raureif

während der warmen Jahreszeit: z. B. Hagel, Tau

DAS IST JA GELACHT –
hier ein ultimativer WITZ
für Wetterfrösche!

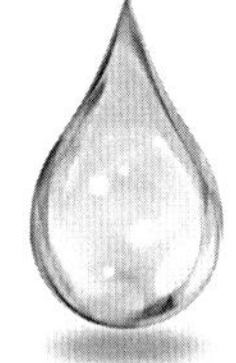
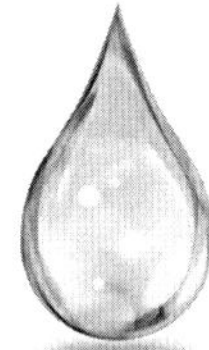
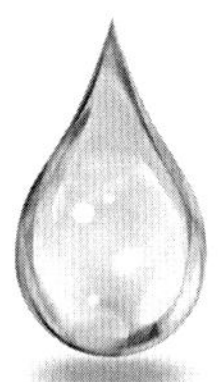

Sagt ein Wetterfrosch zum anderen: „Quak!" Meint der andere: „Ne, lieber Wurst aufs Brötchen!"

KOHL VERLAG Wasserkreislauf an Stationen – Bestell-Nr. 12 888

Aufgabenkarte 3 ✶

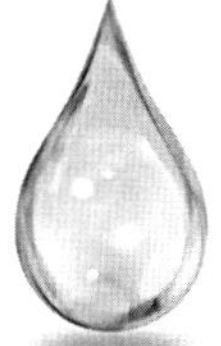 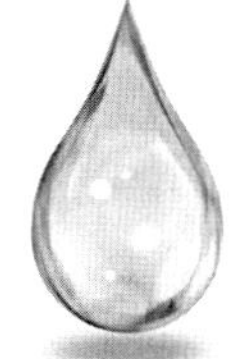 

Die Wörter der untenstehenden Sätze sind durcheinander.

Schneide sie einzeln ab und klebe die Wörter in der richtigen Reihenfolge zu einem sinnvollen Satz.

Schreibe die Sätze anschließend in dein Heft / deine Forschermappe.

✂ scheint Die auf Sonne ein Gewässer.

Wasser. Nun hier Verdunstung kommt es von zu

steigt hohe Luftschichten Es in auf.

bilden Dort oben Wolken. nun sich

zur Erde. das Als Wasser kommt Regen zurück

KOHL VERLAG Lernen mit Erfolg – Wasserkreislauf an Stationen – Bestell-Nr. 12 888

Lösung Aufgabenkarte 3 ✶

Die Sonne scheint auf ein Gewässer.

Nun kommt es hier zu Verdunstung von Wasser.

Es steigt in hohe Luftschichten auf.

Dort oben bilden sich nun Wolken.

Als Regen kommt das Wasser zurück zur Erde.

DAS IST JA GELACHT –

hier ein ultimativer WITZ für Wetterfrösche!

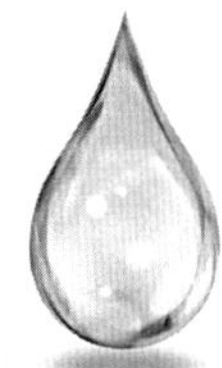

Wo geht der Mathelehrer hin, wenn ihm kalt wird? In die Ecke, das sind immer 90 Grad!"

Aufgabenkarte 4 ✶

Finde diese englischen Begriffe im Suchbild!

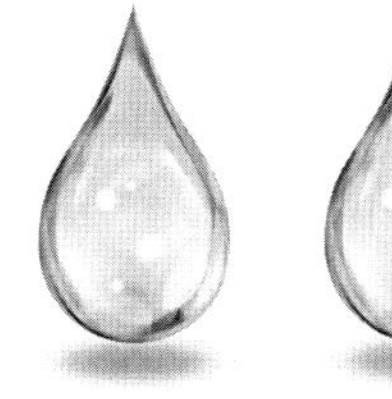
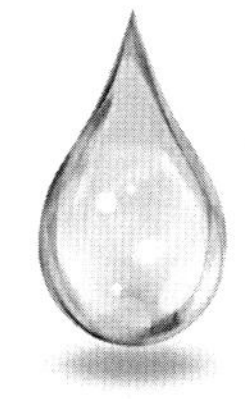
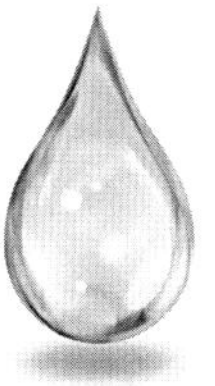

snowflake rain fog clouds sun
lightning hail puddle

Trage sie anschließend in die untenstehenden Kärtchen ein!

J	L	S	C	J	W	G	G	H	A	I	L	K	L
T	I	J	T	C	A	Y	R	R	V	D	S	D	K
D	G	P	Q	J	B	K	P	S	Y	K	O	W	Z
W	H	F	A	P	B	Z	H	L	M	Y	J	V	J
W	T	D	X	I	S	N	G	G	P	S	G	R	K
Q	N	G	C	L	O	U	D	S	Y	N	Q	L	J
F	I	C	T	M	V	B	G	P	Y	O	Q	M	K
J	N	Q	E	E	W	W	Q	B	A	W	T	P	K
R	G	F	Y	O	L	V	A	Q	X	F	U	P	B
J	E	M	V	D	Y	M	M	B	W	L	O	U	W
Q	B	K	S	L	F	E	G	Y	K	A	P	D	O
T	C	D	U	L	Y	I	M	W	P	K	G	D	C
U	C	M	N	X	R	A	I	N	L	E	P	L	J
A	C	D	U	L	F	X	F	O	G	W	B	E	H

KOHL VERLAG Lernen mit Erfolg
Wasserkreislauf an Stationen – Bestell-Nr. 12 888

Lösung Aufgabenkarte 4 ✶

J	L	S	C	J	W	G	G	H	A	I	L	K	L
T	I	J	T	C	A	Y	R	R	V	D	S	D	K
D	G	P	Q	J	B	K	P	S	Y	K	O	W	Z
W	H	F	A	P	B	Z	H	L	M	Y	J	V	J
W	T	D	X	I	S	N	G	G	P	S	G	R	K
Q	N	G	C	L	O	U	D	S	Y	N	Q	L	J
F	I	C	T	M	V	B	G	P	Y	O	Q	M	K
J	N	Q	E	E	W	W	Q	B	A	W	T	P	K
R	G	F	Y	O	L	V	A	Q	X	F	U	P	B
J	E	M	V	D	Y	M	M	B	W	L	O	U	W
Q	B	K	S	L	F	E	G	Y	K	A	P	D	O
T	C	D	U	L	Y	I	M	W	P	K	G	D	C
U	C	M	N	X	R	A	I	N	L	E	P	L	J
A	C	D	U	L	F	X	F	O	G	W	B	E	H

DAS IST JA GELACHT –
hier ein ultimativer WITZ
für Wetterfrösche!

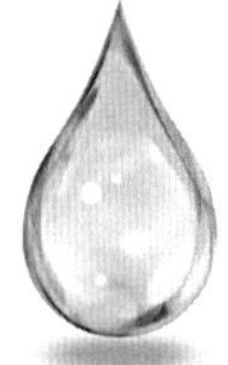

Zwei Engel fliegen am Himmel. Sagt der eine: „Du, wie wird denn das Wetter morgen?" „Oh, ich glaube wolkig!" „Ah, das ist gut, dann können wir uns endlich mal wieder hinsetzen!"

Wasserkreislauf an Stationen – Bestell-Nr. 12 888

Aufgabenkarte 5 ✶

Arbeitsaufträge zu den englischen Begriffen in Aufgabenkarte 4

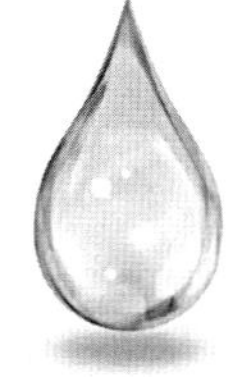
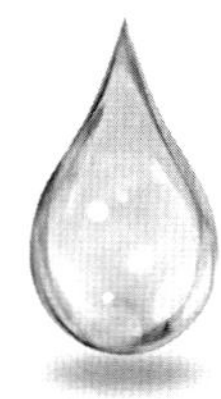
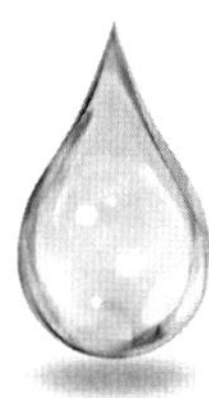

Ordne die gefundenen Begriffe den richtigen deutschen Wörtern zu!

Deutsch		Englisch
Regen	→	
Nebel	→	
Hagel	→	
Sonne	→	
Schneeflocke	→	
Pfütze	→	
Blitz	→	
Wolken	→	

Beschrifte diese Bilder nun mit den passenden Vokabeln.
Achte auf die Schreibweise!

____

____

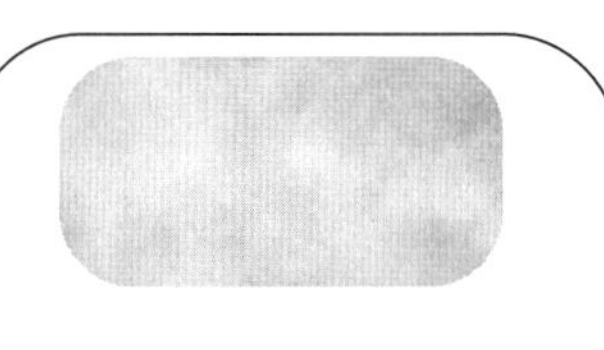
____

____

____

____

____

____

Lösung Aufgabenkarte 5 ✶

Deutsch		Englisch
Regen	→	rain
Nebel	→	fog
Hagel	→	hail
Sonne	→	sun
Schneeflocke	→	snowflake
Pfütze	→	puddle
Blitz	→	lightning
Wolken	→	clouds

DAS IST JA GELACHT –
hier ein ultimativer WITZ
für Wetterfrösche!

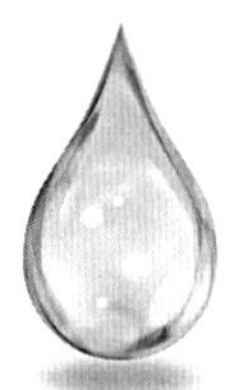

Beschwert sich Frau Mausig
beim Radio: „Ihre Wetterberichte
stimmen nie!"
Sagt der Radiomoderator:
„Doch, die Berichte stimmen schon,
nur das Datum ist manchmal falsch!"

Aufgabenkarte 6 ✶

EXPERIMENT –
Der Garten in der Flasche

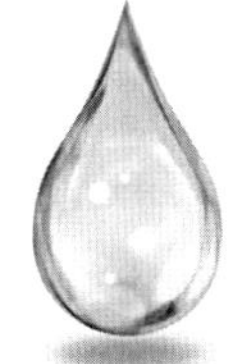

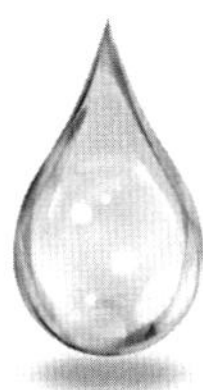

Baut euch euren eigenen kleinen Flaschengarten! Wenn er gut ausgewogen ist, kommt er monatelang oder sogar länger ohne Gießen aus! Ihr stellt somit den perfekten kleinen Wasserkreislauf in der Flasche nach, kein Wasser geht verloren.

Ihr braucht:

eine große Flasche, am besten bauchig mit schmalem Hals

einen passenden Korken zum Zustöpseln

einen langen Löffel

eine kleine, genügsame Pflanze, z. B. Farn, Moos oder Efeu mit Wurzeln

Dekoration wie Moos, Steinchen, Sand ... und natürlich Erde!

So geht's:

Zuerst muss die Flasche gut sauber und trocken sein. Nun befüllt ihr sie ca. 1 cm hoch mit Kies oder Sand und dann 3 cm hoch mit Erde. Jetzt wird die Pflanze eingesetzt – dies macht man am besten mit einem langen Löffel. Vielleicht ist eure Pflanze ja schon in einem Erdballen, der muss nur gut eingegraben werden. Wenn ihr Pflanzen mit losen Wurzeln habt, bitte die Erde vorsichtig festdrücken.

Nun könnt ihr dekorieren, und nicht vergessen – gut gießen mit kaltem Wasser.

Stöpsel drauf, aufs helle Fensterbrett stellen und – warten ...

KOHL VERLAG Lernen mit Erfolg Wasserkreislauf an Stationen – Bestell-Nr. 12 888

Aufgabenkarte 6 ✶

EXPERIMENT –
Der Garten in der Flasche

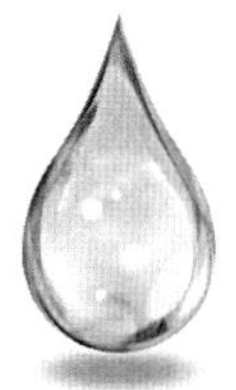

Was tun, wenn …?

Wenn das Glas innen beschlägt, funktioniert alles. Aufpassen, dass die Flasche nicht zu warm steht.

Wenn die Pflanze gelb wird, könnte es zu viel Wasser sein. Dann den Stöpsel einfach einige Tage nicht auf der Flasche lassen.

Wenn die Pflanze welk wird, könnte es zu wenig Wasser sein. Bitte nochmal die Wurzeln/den Erdballen gut andrücken und noch ein wenig gießen. Die Erde soll gut feucht sein, aber nicht richtig nass.

Manchmal braucht es einen oder zwei Anläufe, doch meistens funktioniert es mit den Flaschengärtchen ziemlich gut.

Eine Alternative, die sicher funktioniert:

Ihr könnt auch Kressesamen in der feuchten Erde in der Flasche aussäen, die dann keimen und in der zugestöpselten Flasche zu wachsen beginnen werden.

Notiert hier eure Beobachtungen (Datum nicht vergessen!):

Aufgabenkarte 7 ✶

Informationstext zum Wasserkreislauf

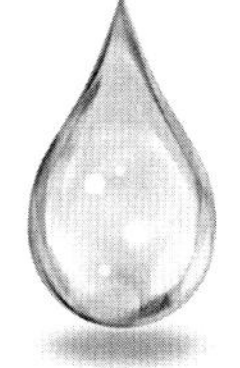
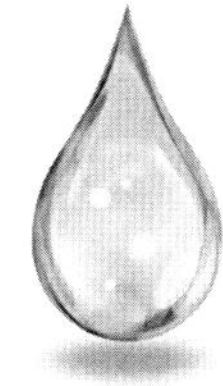
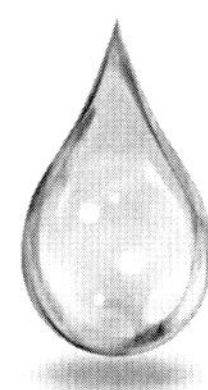

Nummeriere und ordne die Sätze in einer sinnhaften Reihenfolge. Schreibe anschließend den gesamten Text im richtigen Ablauf ab. Als kleine Starthilfe sind dir der erste und der letzte Satz gegeben.

	Am Himmel in den dortigen kalten Luftschichten kondensiert der Wasserdunst.
	Durch die Wärme verdunstet die Feuchtigkeit aus dem Boden und steigt auf.
	Als sogenannter Niederschlag, z. B. Regen fällt das Wasser wieder vom Himmel.
	Der abgekühlte Dunst bildet nun Wolken, die weiter Feuchtigkeit sammeln.
1	Die Erde und der Boden erwärmen sich durch die Sonne.
10	In diesem Kreislauf geht kein Wasser verloren.
	Es versickert jetzt im Boden.
	Die Wolken reichern sich nun mit immer mehr Nässe an.
	Dort bildet der herabgefallene Niederschlag nun das Grundwasser.
	Der Kreislauf kann nun von neuem beginnen.

KOHL VERLAG Lernen mit Erfolg Wasserkreislauf an Stationen – Bestell-Nr. 12 888

Lösung Aufgabenkarte 7 ✶

3	Am Himmel in den dortigen kalten Luftschichten kondensiert der Wasserdunst.
2	Durch die Wärme verdunstet die Feuchtigkeit aus dem Boden und steigt auf.
6	Als sogenannter Niederschlag, z. B. Regen fällt das Wasser wieder vom Himmel.
4	Der abgekühlte Dunst bildet nun Wolken, die weiter Feuchtigkeit sammeln.
1	Die Erde und der Boden erwärmen sich durch die Sonne.
10	In diesem Kreislauf geht kein Wasser verloren.
7	Es versickert jetzt im Boden.
5	Die Wolken reichern sich nun mit immer mehr Nässe an.
8	Dort bildet der herabgefallene Niederschlag nun das Grundwasser.
9	Der Kreislauf kann nun von neuem beginnen.

DAS IST JA GELACHT –
hier ein ultimativer WITZ
für Wetterfrösche!

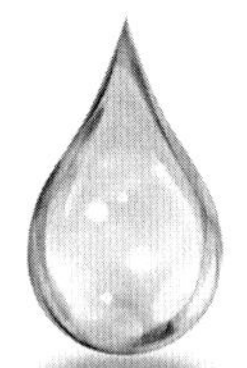
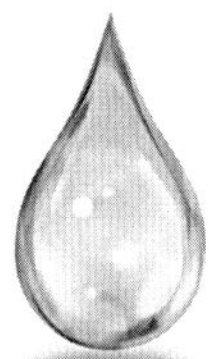
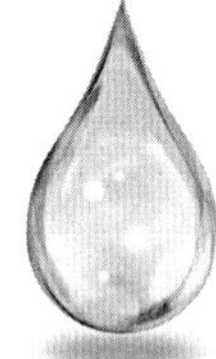

Wenn ein E-Auto vom Blitz getroffen wird, ist es dann aufgeladen?

KOHL VERLAG Wasserkreislauf an Stationen – Bestell-Nr. 12 888

Aufgabenkarte 8 ✶

Forschen und Rechnen – nun sind die Experten gefragt!

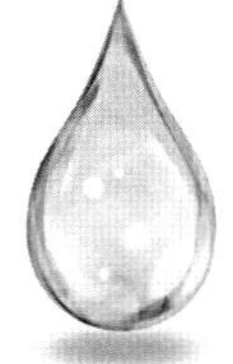

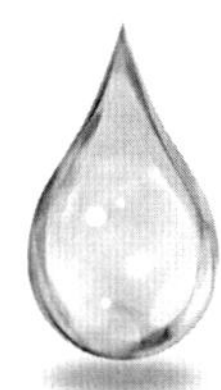

In Berlin regnet es in den Wintermonaten ziemlich oft. Kannst du folgende Niederschlagsmengen richtig in die Tabelle auf der nächsten Seite eintragen?

Im Februar 2023 regnete es 47 Liter pro Quadratmeter.

Im März 2023 waren es um 23 Liter mehr als im Februar.

Im August 2023 regnete es aber um 11 Liter weniger als im März.

Den meisten Niederschlag gab es im Dezember mit 51 Litern mehr als im März.

Am wenigsten regnete es im September, da kamen um 39 Liter weniger vom Himmel als im August.

Brauchst du Platz zum Rechnen?

In Berlin regnete es im Februar _____ Liter / m^2.

Im März waren es ______ Liter / m^2.

Im August kamen ______ Liter / m^2 vom Himmel.

Für September tragen wir ______ Liter / m^2 ein.

Der Dezember verzeichnete ______ Liter / m^2.

KOHL VERLAG Wasserkreislauf an Stationen – Bestell-Nr. 12 888

Lösung Aufgabenkarte 8 ✶

Februar 47 l/m^2, März 70 l/m^2, August 59 l/m^2, September 20 l/m^2, Dezember 121 l/m^2

DAS IST JA GELACHT – hier ein ultimativer WITZ für Wetterfrösche!

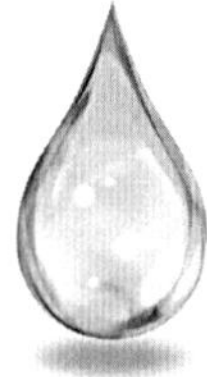

Hugo sagt zu seiner Oma: „Geh doch mal raus, die Blumen gießen!" Oma: „Aber Hugo, es regnet!" Hugo: „Ach so, dann nimmst du eben den Schirm mit!"

KOHL VERLAG Wasserkreislauf an Stationen – Bestell-Nr. 12 888

Aufgabenkarte 8 ✶

Forschen und Rechnen –
nun sind die Experten gefragt!

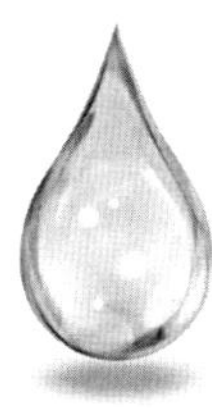

Niederschlagsmenge in Berlin 2023

Liter pro m^2					
125					
120					
115					
110					
105					
100					
95					
90					
85					
80					
75					
70					
65					
60					
55					
50					
45					
40					
35					
30					
25					
20					
15					
10					
5					
0					
	Februar	März	August	September	Dezember

TIPP: Du kannst mit Buntstift und Lineal arbeiten

Quelle: https://de.statista.com/

Aufgabenkarte 9 ✶

MINIREFERAT –
Alleskönner Wasserdampf
für 5 Kinder / Dauer: 5 min.

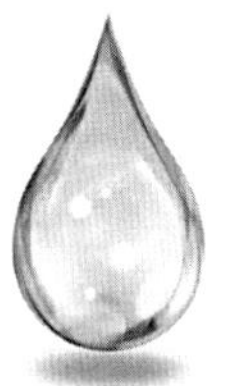
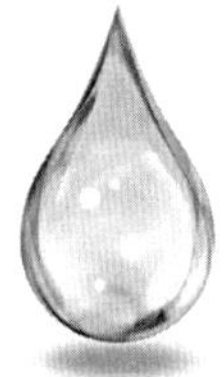

Material:
Ein Plakatpapier DIN A3, dicke und dünne Filzstifte zum Schreiben, Kärtchen zum Vorlesen, Magnete, eventuell Klebstoff.

DAS PLAKAT	DIE KÄRTCHEN	ES GEHT LOS!
1. Zuerst schreibt ihr das Plakat. Es braucht eine große Überschrift „Alleskönner Wasserdampf" – die Buchstaben sollten ca. 8 cm groß sein, damit man sie gut lesen kann. Die Textstellen werden nun auch auf das Plakat geschrieben. Hierfür könnt ihr dünnere Filzstifte benutzen, doch auch hier solltet ihr größer schreiben als sonst im Heft. Gestaltet das Plakat noch mit bunten Farben, Zeichnungen oder Bildern.	2. Jetzt bereitet ihr die Vorlesekärtchen vor. Jedes Kind sucht sich ein Minithema aus und schreibt sich den Text auf sein Kärtchen. Nun übt ihr einmal, eure Kärtchen laut und ohne zu stocken vorzulesen. Denkt daran, deutlich und laut genug zu sprechen. Die anderen geben freundliches Feedback („Ich konnte dich gut hören, lies aber ein wenig langsamer.")	3. Planung: Wer spricht die Einleitung? Wer kommt als Erster dran? Wer spricht die Schlussworte? 4. Nun geht es ans Präsentieren: Hängt das Plakat im Klassenraum an die Tafel. Stellt euch der Reihe nach mit den geübten Kärtchen auf, nur Mut!

Aufgabenkarte 9 ✶

MINIREFERAT –

Alleskönner Wasserdampf
für 5 Kinder / Dauer: 5 min.

Für das Plakat:

Überschrift: **ALLESKÖNNER WASSERDAMPF**

Textstellen (über das Plakat verteilen):

Wasserdampf: farblos, kleinste Wassertröpfchen, entsteht ab 100 Grad Celsius, wenn Wasser zu sieden beginnt, steigt immer auf.

Erscheinungsformen in der Natur: bildet sich bei warmen Temperaturen (= Verdunstung) und bildet Wolken, Raureif / Tau: verdunstete Feuchtigkeit z. B. auf Wiesen.

Nutzung: in der Technik oder in der Physik: Dampflok, Dampfantrieb, Dampfmaschine, Turbine, Holzverarbeitung

im Haushalt: Schnellkochtopf, Desinfektion, Reinigung

in der Medizin: Desinfektion, Inhalation, Wärmebehandlung

Für die Vorlesekärtchen:

1. Wasserdampf allgemein: Wenn Wasser erwärmt wird, ändert sich sein Aggregatzustand. Das bedeutet, es geht in den gasförmigen Zustand über. Diesen nennt man Dampf. Wenn sich Dampf bei unter 100 Grad bildet, sprechen wir von Verdunstung. Bei 100 Grad siedet das Wasser und es kommt zur Verdampfung. Wasserdampf kann mehrere Hundert Grad heiß werden!

Aufgabenkarte 9 ✶

MINIREFERAT –
Alleskönner Wasserdampf
für 5 Kinder / Dauer: 5 min.

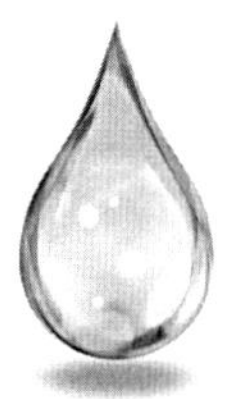

Das kann man sich in verschiedenen Bereichen der Technik und der Physik zunutze machen, wie wir gleich hören werden:

2. Wasserdampf in der Technik: jeder hat schon einmal von einer Dampflokomotive gehört. Sie wurde 1803 erfunden und ist eine Zugmaschine, die mit Dampf betrieben wird. Außerdem verwendet man Wasserdampf noch zum Antrieb von Maschinen. Die erste Dampfmaschine wurde von James Watt im Jahre 1770 erfunden. Sie wurde dazu benutzt, andere mechanische Geräte anzutreiben und so ersparte sie den Menschen sehr viel körperliche Arbeit.
   Mit Dampf kann man auch Holz biegsam machen, ohne es brechen zu müssen – dieses Verfahren nützt man vor allem in der Herstellung von Möbeln oder Instrumenten.

3. Schon bei den alten Römern benutzte man heißen Wasserdampf als Heizung für Badebecken. Außerdem konnte man den Dampf in Rohre und Ziegelhohlräume leiten und so die Häuser heizen. Noch heute gibt es Dampfheizungen.
   Um Meerwasser das Salz zu entziehen, muss es ebenfalls verdampft werden. Das reine Wasser kondensiert und wird aufgefangen, der Salzgehalt bleibt als fester Bestandteil übrig.
   Im Haushalt gibt es auch noch einige andere Anwendungsgebiete, die wir fast täglich brauchen können:

Aufgabenkarte 9 ✶

MINIREFERAT –

Alleskönner Wasserdampf
für 5 Kinder/Dauer: 5 min.

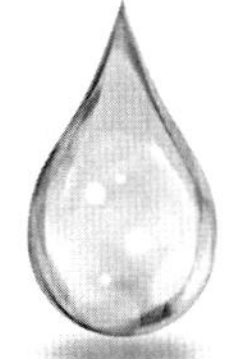

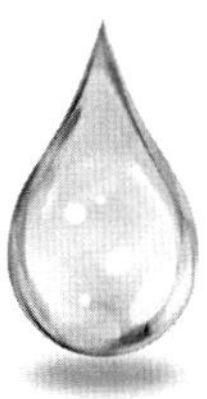

4. Im Haushalt: Der Schnellkochtopf ist eine Erfindung aus dem Jahre 1927. Es handelt sich um einen besonders konstruierten und dicht verschließbaren Topf, der die Garzeit z. B. von Fleisch um mehr als die Hälfte verkürzen kann. Wer hat schon mal im Dampfgarer Gemüse weichgekocht? Das geht schnell und ist eine schonende Kochweise, die viele Vitamine besser erhalten kann als normales Kochen. Viele Haushalte haben auch einen Dampfreiniger, der den heißen Dampf zum Desinfizieren von Oberflächen ohne Putzmittel nutzt. Heißer Wasserdampf löst auch starke Verschmutzungen ohne Chemie.

5. In der Medizin: Mit warmem Dampf oder vernebeltem Dampf wird bei Husten oder Lungenerkrankungen inhaliert. Die feinen Wassertröpfchen werden eingeatmet und legen sich in den Atemwegen befeuchtend an. Dies fördert die Heilung von Atemwegsinfekten oder Verkühlung. Ein heißes Dampfbad hat etwa 50 Grad und ist eine gute Therapie bei Rheuma oder Muskelverspannungen. Fast jeder Spa-Bereich bietet mittlerweile solche Dampfkabinen zur Therapie an.

   So wird Wasserdampf in sehr vielen Bereichen unseres täglichen Lebens verwendet.

Aufgabenkarte 9 ✶

MINIREFERAT –
Alleskönner Wasserdampf
für 5 Kinder / Dauer: 5 min.

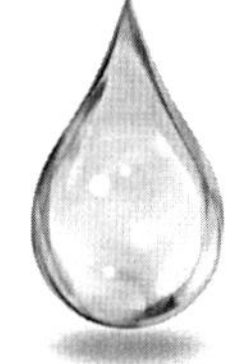 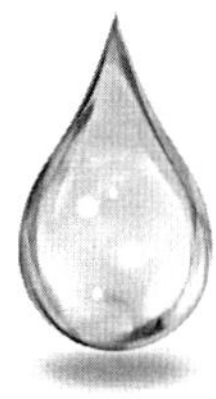 

Ideen für Zeichnungen am Plakat:
eine Dampflok, ein Schnellkochtopf, ein Topf mit kochendem Wasser darin, ein Forscher, eine Glühbirne, Smileys, Rufzeichen ...

Falls ihr im Internet suchen dürft:
Bild einer Dampflok, einer Turbine, einer Dampfmaschine, James Watt, eine Fußbodenheizung aus dem alten Rom, Inhalator ...

Falls ihr ein Experiment vorzeigen dürft:
Wasserkocher einschalten, ACHTUNG HEISS! Keramikteller drüber halten, niedergeschlagene Wassertröpfchen herumzeigen.

KOHL VERLAG Wasserkreislauf an Stationen – Bestell-Nr. 12 888

Aufgabenkarte 10 ✶

ERSTELLEN EINER WETTERTABELLE

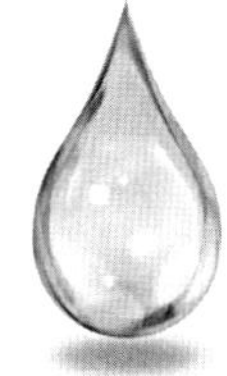
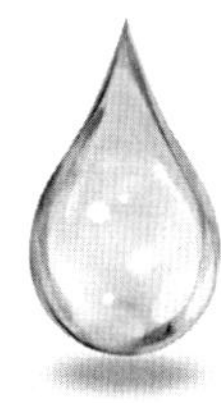
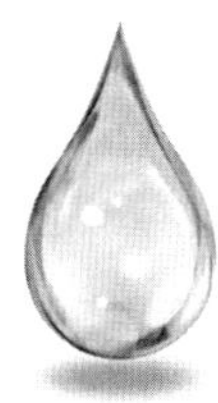

Oft ändert sich unser Wetter innerhalb kurzer Zeit. Von einem Tag auf den anderen kann es große Temperaturunterschiede geben, Niederschlag und Sonnenschein können einander abwechseln.

Tragt hier eine Woche lang das Wetter ein. Danach geht's weiter in Aufgabenkarte 12!

Wochentag	Datum	Früh-temperatur	Tageshöchst-wert	Beschreibung des Wetters

KOHL VERLAG Lernen mit Erfolg
Wasserkreislauf an Stationen – Bestell-Nr. 12 888

Aufgabenkarte 11 ★

BEOBACHTUNGEN ZUR WETTERTABELLE

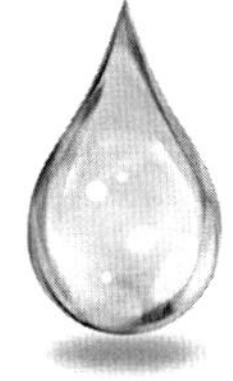

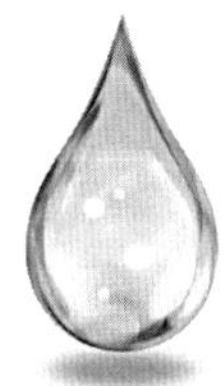

Gab es innerhalb der beobachteten Woche Temperaturunterschiede von mehr als 2 °C?

____

Wie hoch war der höchste gemessene Temperaturwert in der gesamten Woche? ______________________________

Wie viele Arten von Niederschlag konntet ihr in der beobachteten Woche feststellen? ____________

Welche waren das? ______________________________

____

____

____

Hängen Temperaturschwankungen mit Niederschlagserscheinungen zusammen? ______________________________

An welchem Tag war es am kältesten? ____________________

Wie würdet ihr die Folgewoche einschätzen?

____

____

____

____

Überlegt gemeinsam den Text für einen Wetterbericht, der die beobachtete Woche beschreibt! Spielt Wettermoderator / Meteorologe und präsentiert euren Bericht in der Gruppe oder Klasse.

Glossar – Begriffe schnell erklärt

Aggregatzustand – die Erscheinungsformen von Wasser, es gibt hier drei: fest, flüssig und gasförmig.

Antrieb – die Kraft, mit der z. B. ein Motor oder eine Maschine angetrieben wird (Dampf, Elektrizität, ...)

Binnengewässer – ein Gewässer, welches von Landmassen umschlossen ist und mitunter einen Zufluss aus dem Grundwasser hat.

Diagramm – eine Zeichnung, die Zahlen darstellt und vergleicht.

Dichte: Dies ist die Beschaffenheit eines Gegenstandes. Die Dichte des Wassers beträgt 1 Gramm pro Kubikzentimeter. Körper, die eine geringere Dichte haben, schwimmen auf dem Wasser.

Durchschnitt – ein mittlerer Wert, der rechnerisch zu erzielen ist.

Erderwärmung – eine Erscheinung des Klimawandels, derzeit liegt die durchschnittliche Erderwärmung bei +0,2 °C im Jahr und wird durch das Verhalten des Menschen maßgeblich negativ beeinflusst.

Fließgewässer – ein Gewässer, dessen Wasserkörper fließend ist (Bach, Fluss, ...)

Gefrierpunkt – beim Wasser 0 °C, hier friert Wasser zu Eis.

Graupel – eine Art des Niederschlags, gefrorener Regen mit Eiskörnern unter einem halben Zentimeter Durchmesser.

Grundwasser – das Wasser, das sich im Boden befindet, erschließbar z. B. durch Brunnen.

Hagel – eine Art des Niederschlags, gefrorener Regen mit Eiskörnern größer als ein halber Zentimeter.

Kondensation – der Niederschlag durch Abkühlung, etwa von Wasserdampf.

Meer – Ozean, hohe See, zählt zu den stehenden Gewässern.

Meteorologie – die Lehre vom Wetter und dem Wettergeschehen.

Glossar – Begriffe schnell erklärt

m^2 – sprich: Quadratmeter, eine Quadratfläche mit 1 Meter Seitenlänge.

Nebel – bodennaher Dampf, vor allem im Herbst morgens auf Wiesen oder in Tälern zu beobachten, besteht aus feinsten Wassertröpfchen.

Raureif – gefrorener Nebel, etwa auf Bäumen oder Wiesen.

Siedepunkt – beim Wasser 100 °C, hier beginnt Wasser zu kochen.

Thermometer – ein Messinstrument für die Temperatur.

Turbine – ein mechanischer Maschinenteil, der durch Rotation Energie erzeugt und z. B. von Dampf angetrieben werden kann.

Verdunstung – durch Wärme geht Wasser vom flüssigen in den gasförmigen Zustand über, ab 100 Grad spricht man von Verdampfen.

Hast du noch Begriffe gefunden, die du anderen erklären möchtest? Besprecht euch in der Gruppe!